妈妈应该为上小学孩子做的50件事

钱源伟 主编

世界图书出版公司
上海·西安·北京·广州

图书在版编目（CIP）数据

妈妈应该为上小学孩子做的50件事/钱源伟主编. —上海：上海世界图书出版公司，2015.5
（世图双美亲子系列）
ISBN 978-7-5100-9417-0

Ⅰ.①妈… Ⅱ.①钱… Ⅲ.①小学生-家庭教育 Ⅳ.①G78

中国版本图书馆CIP数据核字（2015）第053685号

责任编辑　石佳达
封面设计　陆　及
插　　图　彭　亮

妈妈应该为上小学孩子做的50件事

钱源伟　主编

上海世界图书出版公司出版发行
上海市广中路88号
邮政编码 200083
上海市印刷七厂有限公司印刷
如发现印装质量问题，请与印刷厂联系
（质检科电话：021-59110729）
各地新华书店经销

开本：787×960　1/16　印张：11.75　字数：120 000
2015年5月第1版　2015年5月第1次印刷
ISBN 978-7-5100-9417-0/G·474
定价：28.00元
http://www.wpcsh.com
http://www.wpcsh.com.cn

主　编

钱源伟

编委会

张　征　郑乐平　彦　秋　洋　洋

为了中国美好的未来（代总序）

　　为了从整体上提升中国年轻家长，乃至转变整个社会中祖辈们流传下来的育儿理念，世界图书出版上海有限公司与上海双美教育机构联合业内外学前教育研究者，拟陆续选辑出版多种亲子读物以飨读者。

　　近年来，对新生儿成长的关注越来越多了，年轻父母与祖辈们的殷切之情亦愈加浓郁了，"赢在起点"的竞争格局左右着当前中国众多家庭望子成龙、望女成凤的焦虑心态，开发婴幼儿潜能的图书应运而生可谓琳琅满目，那么到底该怎么看待与理解婴幼儿的成长与烦恼，怎么养成孩子健康阳光的性格，怎么针对每个孩子的差异有的放矢地因势利导，怎么看待那些经常失败的孩子，诸如此类问题也随之凸显出来。

　　本丛书既有国际学前教育领域公认的历久不衰的权威之作，也有密切结合近年亲子早教现象，中国家长心态调适的实际操作手册，还有理论联系实践的指导用书，境外热销的游戏类、阅读类辅助读物。考虑到不同类型、不同层次读者的需求，选辑尽可能满足各取所需的愿望；同时使希望掌控完整育儿信息的家庭能获得一个整体的系列培养概念与操作方略。

　　本次选入第一辑的图书共5本。《儿童成长的密码》，是一本探讨世界最先进的儿童教育理念的力作，幼教泰斗玛利亚·蒙台梭利博士揭开儿童世界的神秘面纱，解读儿童成长发育的密码。通过对儿童生理和心理特征的深入分析，她认为，儿童的成长过程是独特的并且是奇妙的，她提出了"敏感期"的概念，且具体探讨了儿童在智力、情感、秩序感、节奏感、行走、工作、观察等方面的不同特点。

蒙台梭利教育思想也有一些偏颇之处，在当今国际盛行的蒙台梭利教学实验中有不少改良与反思，这在我们以后选辑的专著中会有体现。在中国目前多地展开的蒙氏教学班，其贯彻蒙氏理念的各种做法到底怎么考量，是否真正掌握了蒙氏教学的真谛，相信这本书可以给读者指点迷津，做出自己的判断。

本次选辑的另外四本书带有针对当前亲子教育误区的具体指导。《好性格养成78招》《影响孩子一生的43种教养方式》，强调了人格陶冶、性格养成乃人生重要奠基。这对于不少家庭仅仅重视知识灌输、技能训练，所谓提前去做原本应该在小学阶段重点去做的那些事情是否恰当是一种诚恳有益的提醒。

《培养不怕失败孩子的51个策略》更具有尖锐的针对性，当前最悲哀的是中国许多家庭希望培养出"必须永远赢"的孩子，这个可怕的欲念将会对未来投下最严重的阴影。本书确实能帮助家长调整视角，以正常心态从容健康地面对未来。

《妈妈应该为上小学孩子做的50件事》则全方位提示家长如何全面做好小学入学前准备。仅仅为了满足家长们进入若干趋之若鹜的名校的愿望，必定会伤害到更多的无辜学童，他们心理笼罩的阴影谁来驱散。其实，现在已经殃及不少孩子了，尤其是心理成熟较晚些的男孩。傍晚与周末，他们愁眉苦脸地跟着发狂的家长紧赶慢赶地参加一个又一个培训速成班；每当入学招生之际，他们又疲于奔命地连续穿梭奔波于一所所名校之间面谈。

养孩子还是毁孩子？本套丛书将展现并与大家分享亲子教育新理念。

第一方面，从广义上说，亲子教育就是家庭教育。亲子关系是以血缘为纽带，不以人的意志为转移的客观存在，出现最早和持续最久的一种社会关系。它具有自然性、不可替代性和发展性，在孩子从自然人向社会人过渡的过程中具有重要的教育影响。只要有家长和子女角色存在，就必然会出现亲子教育。家庭亲子教育是独立存在的一种独特形态，不可能为所有家庭外的早期教育所覆盖，所替代。

婴幼儿早期的亲子情感体验十分重要，其重要程度甚至高于智力开发，是人生未来走向的人格奠基。父母、隔代亲属的很多行为特征，是给孩子的暗示、榜样，会对孩子产生潜移默化的陶冶、终身的影响。

早期教育应当从容、淡泊、愉悦，而不是焦虑、功利、痛苦。

婴幼儿的人生奠基是渐进的、日积月累才能积淀的，是一种通过潜移默化、感染、陶冶、体验，不经意间渗透而形成的，这是一个巧妙艺术处理养成规矩与鼓励自由之间关系的国际性高难度教育问题。

为了让孩子在人生的道路上走得更远、更高、更出色，我们现在千万不要急功近利。我们要让孩子走得慢一点，稳一点，充分感受到成长的快乐，从容地吸取那些幼儿时代应该得到的属于终身发展必备的素养。我们更要去掉许多知识功利化、小学程式化的东西，要理解现在的"快慢"与将来孩子们走得"远近""高低"之间的辩证关系，明白进退得失与多少的关系，把握主流的价值取向，真正是为了让每一个儿童能在学前教育阶段，获得终身可持续发展的能力，并由此对教师、家长都有一个正确的导向。

我们提倡慢养。人生旅程是一场马拉松跑步，不在乎起步早晚快慢，重要的是养成良好习惯、性格。全面辩证地做到慢跑与逐渐积累，享受与适度负担，引导与养成规矩，多元与鼓励自由，尊重与自主选择，欢乐与抛弃功利的统一。

反观当前中国若干家庭的教养理念及其可能的结果，还是长辈居高临下的全面设计安排，其导致的后果是过度的期望导致无望；过度的溺爱导致无情；过度的包办导致无能；过度的攀比导致无奈；过度的干涉导致无措。

早期启蒙要注意度的把握，应科学、合理、适宜地开发，而非过早透支孩子身心发展的现实基础。要充分尊重每个孩子的差异性，使得每个孩子能够自信地走向未来。科学育儿的核心观点是把握合适的度，来处理规矩与自由的关系。即适度、适当、适合、适宜、适意。

童年教育要多彩多姿，这样才有利于人格发展、人生发展充满情趣。让我们以撒切尔夫人童年教育的两重性为例来得出一些结论。

1. 早期亲子关系中，父母无形、有形的引导是关键因素，谁的影响力大，谁就将起主导作用；

2. 童年单色调或多色调的生活教育会影响到其一生发展的主要轨迹；

3. 成功的独白：一个政治领域的强者需要铁娘子那种斩钉截铁、说一不二、雷厉风行的决策执行能力与风格；

4. 遗憾的反省：晚年生活凄凉孤独缘于早期教育带来的人格、人生教育的单一性，人格本来是多采的，充满生活情趣的，是要与外界有充分多元交往的，撒切尔夫人没有。她只有坚强、执著、一往无前的政治激情，而缺乏多彩生活的情趣。

孩子应不应该成为父母的梦想实现者？我们主张：要顺其自然，不要刻意铸就；要尊重选择，不要一意替代；要循循善诱，不要过分攀比；要悉心观察，不要胡乱指责；要收放自如，不要管头管脚；要扶持帮助，不要呵斥埋怨。

孩子是独立的生命个体，理应有自我的尊严与选择。童年亲子教育讲究在养成规矩中充分鼓励自由，孩子的未来才会充满阳光，才能形成完善的独立、独特的人格。完整的人生、人格教育，要注重人生目标、人生态度、人生价值、人生色彩的和谐平衡；人生目标，要追求理想信念；人生态度，要践行认真、朴实、亲和、友善；人生价值，充分展现平淡与轰轰烈烈的融和；人生色彩，要具有个性化魅力的主旋律表现，给人积极、阳光、向上的风采。一个人到世界上来走一回，能对社会、别人，对整个世界做点贡献，留点启示，是最理想的了。同时，有质量的生活十分重要，从童年到老年，高质量生活指的是有内涵、有亲情、有情趣、有规律、有人格尊严的轻松自如、高效高能、悠然休闲的生活。撒切尔夫人童年教育两重性的启示意味深长。

第二方面，我们提倡从出生开始启动全脑开发。根据脑科学研究的前沿成果，尽可能多地激发婴幼儿的潜质，0~6岁要有科学育儿的关键措施。3岁以前是人大脑发育最快的时期。出生时脑重量为370克，此后第一年内脑重量增长速度是最快的，6个月时为出生时的2倍，占成人脑重量的50%，而孩子体重要到10岁才达到成人的50%。到3岁时，孩子脑重已接近成人的脑重范围，以后发育速度变慢，可见0~3岁孩子大脑发育大大超过了身体发育的速度。个体的学习能力，50%在0~4岁形成，30%在4~8岁形成。大脑的发育，刚出生比15岁时快约1 000倍。婴儿大脑发育的最新发现：基因提供的是父母遗传奠定的大脑神经细胞分布模板，而孩子自身经验使得神经细胞连接起来，这叫作突触连接。婴儿出生时的突触连接只有成年人的1/10，达50万亿个；到3岁时，孩子的突触连接达到成年人的2倍，估计有1 000万亿个；到14岁时，孩子的突触连接回落到成年人常态水平，存500万亿个。基因为你的宝宝的大脑结构构造了一幅蓝图，而早期的经验决定了你的宝宝大脑潜力被开发的程度。一个突触被使用的机会越多，它就越有可能成为大脑永久结构的一部分。

认知发展神经学家黛布拉·米尔斯指出，早期经历影响神经连接的精确调整，而神经连接最终形成大脑内许多不同认知功能的回路。基因预置了潜能，而经验决定这一潜能在多大程度上能成为现实。早期经验越丰富，大脑效率将越高。早期经历越有意义，越有连续性、趣味性，大脑发育越精妙。

我们再来看孩子学习语言的新发现。父母为孩子塑造的语言环境丰富性大不一样，有的家庭谈话时使用的词汇量竟10倍于其他家庭，包括：① 父母对孩子直接谈话的数量；② 对孩子说话的方式；③ 说话时使用的声调。这种早期语言环境、经历情景的丰富性会对孩子的终身发展带来巨大而持久的影响。

再看看孩子学习阅读的新发现。早期阅读对日后阅读产生的积极影响，包括说话、朗读的区别；音素意识、音调语调感受、声态差异；达到通过合适的语量，强调语感与语境的创设，提升语言能力。早期阅读奠定了阅读量、阅读习惯，提升了全面的人文素养与科学素养，对终身发展、职业选择有强烈持久影响。

所有的孩子生来都是天才，但是我们的不经意却在他们生命最初的6年磨钝了他们的天资。所以给你的宝宝提供一个丰富多彩的环境，形式多样的沟通交流，温馨可爱的情意空间将价值无限。

0~6岁的发育成长奠定了一生轨迹的基础。婴儿爬行有极端重要性。每个孩子遵循快速有效学习—长期潜能—U形学习的模式。要帮助宝宝学习，创设一个丰富多彩的学习环境；鼓励宝宝探险，让宝宝始终保持高昂的兴致；重视宝宝取得的每一小点成绩；做一个好榜样，反复示范新动作、技巧；为宝宝提供一个温馨亲切的语言环境；不要动辄与别人孩子比较。

大脑活动、个性、性格的拟合优度十分关键，你为婴儿所提供的各种经验将在很大程度上决定他们在情感、智力上如何面对世界。学会理解孩子所发出的信息；善用、勤用安慰；改进带孩子的技巧；把活动与情感联系起来；形成习惯。

我们提倡建立良好的亲子关系。① 使得父母的角色更适合婴幼儿的情感特征；② 营造乐趣的氛围；③ 丰富你的面部表情；④ 增进与孩子的沟通交流；⑤ 让你的孩子爱别人；⑥ 高质量的婴儿护理。使得每个孩子能够轻松快乐地感受、体验、成长。

在这篇总序中，我们为家长展现了极为诚恳的亲子教育信息,在以后的选辑中还会做深度解读。

  每个家庭都履行着爱和学习的美好意念,创建温馨读书的家庭乐园,使之成为持之以恒的生活习惯。成人的爱、学习、读书是孩子的榜样,重在浓郁真诚的互动,使之成为整个家庭的生活主旋律,成为一种人生的态度、一种充实的生活方式、一种温馨愉悦的家庭享受。那么,您的孩子必定能成长为一个将来能与世界平等对话的人。

钱源伟
2015 年 1 月 18 日

前 言

小学，是孩子成长中的一个特别阶段，妈妈则是这个阶段最好的老师。"万丈高楼平地起"，这个时候的孩子像一张白纸，什么样的教育都会在这张白纸上留下烙印，既不能擦拭，也不能涂改。小学阶段是孩子人生观、价值观的萌芽期和塑造期，妈妈们千万不能大意，这个时候不光要教孩子知识，更要教孩子做人。

伟大的德国教育家福禄贝尔（Friedrich Wilhelm Frobel）说过："一个国家的命运与其说操纵在掌权者的手里，倒不如说掌握在母亲手里。"这充分说明了家庭和家庭教育对一个孩子成长的重要性。一个孩子的成长环境是由家庭、学校和社会这三个环节所组成的，对一个小学生来说，由于其可塑性非常大，因此成长环境对他来说非常重要；在这三个环节中，以妈妈为主的家庭教育对孩子的影响最大。

妈妈掌握好孩子小学阶段的教育，从某种意义上来说，就等于抓住了孩子的幸福和成功；忽视了孩子的小学阶段，就有可能让孩子的未来失控。身为一个妈妈，应该充分重视孩子小学阶段的教育，努力做一个更加称职且有智慧的好妈妈。

本书分别从心灵、身体、技能、社会道德等诸多方面，跟妈妈们一起探讨，孩子在小学阶段应该如何引导与培养，对妈妈来说，这是一本不可不读的好书。

目 录

第一章 为孩子炖出心灵鸡汤

1. 让恐惧的情绪全部 out / 003
2. 融入团体环境，将孤独拒于门外 / 006
3. 从襁褓到学生的完美转换 / 009
4. 让赞赏成为孩子的一缕阳光 / 012
5. 敲警钟，让孩子从高空回到地面 / 015
6. 正确疏导，杜绝叛逆"坏小孩" / 018
7. 困难不过是张纸 / 021
8. 跟孩子一起规划时间 / 024

第二章 强健体魄，塑造社会栋梁

9. 睡眠充足，睡出高智商天才 / 029
10. 让孩子爱上吃饭 / 032
11. 晨操甩掉婴儿肥 / 036
12. 跟小病痛说拜拜 / 040
13. 保护孩子的灵魂之窗——眼睛 / 042
14. 定期体检，为健康保险 / 045

第三章　让学习成为另一种玩耍

15. 脑力激荡，教孩子科学用脑 / 051
16. 想象力是个脆弱的宝 / 053
17. 重视方位知觉能力 / 057
18. 抽象思考和逻辑思考能力，要从小学起 / 060
19. 明辨是非，让孩子学会独立思考 / 064
20. 让孩子知道自己能具有一目十行的记忆力 / 068
21. 释放孩子的创造潜能 / 071
22. 点燃特长的星星之火 / 075
23. 让孩子爱上书的香味 / 079
24. 学习兴趣的培养妙招 / 082
25. 好奇心的神奇力量 / 084
26. 找个够酷的家教 / 086

第四章　认知社会，才能融入社会

27. EQ 比 IQ 更重要 / 093
28. 小孩子也有任务要完成 / 095
29. 规则意识是条警戒线 / 099
30. 自立自强，塑造独立个性 / 102
31. 让孩子学会自律 / 105
32. 朋友无价，益友胜过良师 / 108
33. 互惠双赢，合作精神 / 110
34. 成为有责任感的人 / 113
35. 培养辨善恶、明是非 / 116

第五章　做一个有道德的人

36. 礼仪礼貌，一马当先 /121
37. 诚信是立身之本 /123
38. 关爱他人才能更爱自己 /127
39. 勤奋的笨鸟与骄傲的兔子 /129
40. 五千年的孝顺美德 /132
41. 吃得苦中苦，铁杵磨成绣花针 /135
42. 开源也得节流 /138
43. 宽容之心装得下整个世界 /142

第六章　了解生活的真谛

44. 健康的金钱观决定未来成就 /149
45. 让孩子做一次"小鬼当家" /151
46. 让孩子体会劳动的艰辛 /154
47. 大胆放手让孩子真正断奶 /157
48. "荣誉感"与"羞耻心" /159
49. 以身作则，提供成长的好环境 /163
50. 自我保护方法一二三 /166

Part 1
第一章
为孩子炖出心灵鸡汤

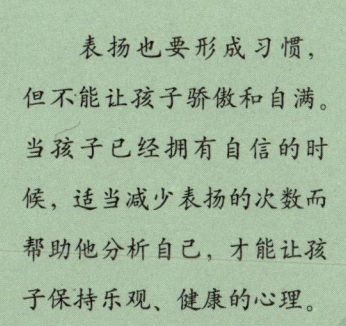

> 表扬也要形成习惯，但不能让孩子骄傲和自满。当孩子已经拥有自信的时候，适当减少表扬的次数而帮助他分析自己，才能让孩子保持乐观、健康的心理。

1. 让恐惧的情绪全部 out

有人说，目标越高，才能的发挥就越充分，此话不可尽信。对一个几岁的小学生来说，空谈立志，希望他成为像爱因斯坦这样划时代的科学家，跟要求一只雏鹰立即飞上几千米高空一样，他能做得到吗？在这些大道理的"熏陶"下，小孩子不顾实际情况，把目标定得太高，一旦难以实现心中理想，在一次次失败后就会心生畏惧，产生自卑情绪。

晓君的妈妈是个文字工作者，因为职业的关系，她希望晓君以后能成为一名作家，出书成名。晓君在妈妈的引导下开始自己写作，可是，每次得到的都是批评，妈妈始终认为晓君资质不够，在同辈中难以脱颖而出，造成晓君从一开始作文被当作模板在全班面前朗读，到后来，写出的作文却一落千丈。妈妈反复思索，终于了解到这是因为自己太急于成功，长期的批评打击了晓君脆弱的心灵。后来，妈妈改变了教育方式，对晓君说："我们一次不要写太长，一天就200字吧！"于是，妈妈帮晓君定了一个写作计划，并且重视晓君心绪情感的引导，让孩子自己抒发自己的感受。经过3个多月的努力，晓君写出了自己第一部超过2万字的作品。

写给家长

晓君的写作能力日渐退步，就是因为妈妈对她要求过高。她会把自己已经取得的小成就，淹没在大目标无法实现的焦虑中，心里就容易悲观、失望。幸好妈妈及时改变了方法，帮助晓君制定一个能在短期实现的小目标，引导晓君从已经实现的小目标中得到鼓舞，增强自信，才能够小小年纪就写出2万字的作品。

目标也要脚踏实地。有人说，建立一个跳起来摸得到的目标，才是当下的目标，那些过于"远大"的理想，只能成为精神上的动力，不足以支持脚下的每一步，反而成为成功的阻碍。

❈　　　❈　　　❈

我有一个做小学老师的朋友，跟我说了一个故事。她班上有个孩子叫小兴，性格内向、孤僻，不爱和别的孩子交往，集体活动时也不敢表达自己的意见和建议，玩游戏时总是躲在别人的后面，听从他人的安排。面对困难时害怕、退缩，甚至连新玩具也不敢玩。经过这个朋友的多番询问、调查，才弄清楚原因。原来，小兴的父母都在外地工作，小兴长年和外公、外婆生活在一起，两位老人家对小兴过分照顾，使得小兴离开了外公、外婆便什么也不敢做！

写给家长

老一辈都对孙子（女）特别溺爱，过度照顾、过度保护。总是告诉他们这个不能做，那个不能碰，实际上却不知这样做会剥夺了孩子锻炼的机会，使孩子缺乏必要的生活自理能力、活动能力、游戏能力，以及解决问题的能力。不会与别人交往，事事依赖他人，遇到困难不知所措，反而更易遭受挫折、失败，对这个世界充满了恐惧感。有些孩子会开始自闭或忧郁，等妈妈发现的时候，已经太晚了。

其实，孩子虽然小，却很善于模仿和学习。有些家长常因为孩子小就替他做许多事，以致于孩子凡事依靠家长，久而久之，便很难建立自信，容易产生挫败感。所以，应该依照孩子的年龄，有意识地让孩子承担一些责任，可以先从吃饭、穿衣、系鞋带、收拾玩具和书包这些小事做起。此外，可以让孩子对家里的事情提出一些建议,如果合理可以采纳,并给予他一定程度的肯定。让孩子自己完成各式各样的事情,不仅锻炼了孩子的动手能力,还使孩子从中获得了自信,确信"我能做好""我有能力"!

※　　　※　　　※

欢欢是小学三年级的学生,自尊心特别强,不管是老师的提问、随堂小测验,还是月考、期中、期末考,如果没有得到满分,回家就哭。妈妈鼓励她说没关系,下次考好就好了,但她还是听不进去,自己在作业上把答错的问题重写好几遍,甚至几十遍,不让她写都不行。面对自尊心强的孩子,妈妈特别注意并尊重她,从来没有强迫和打击过她。

写给家长

自尊心是孩子健康成长的根基,有的孩子自尊心很强,做错事时,如果妈妈再对他冷嘲热讽,就会严重伤害孩子的自尊心。这时,妈妈应该对他说:"没关系,人非圣贤,孰能无过,只要知错能改,就还是好孩子!"这样才有利于孩子排解消极情绪，逐渐恢复自信。

精神分析家阿德勒（Alfred Adler）曾说过，所有的人都有一点自卑，无论他是高官巨富，还是市井平民。阿德勒还指出，正因为自卑，所以人都想要超越自我，才推动了整个人类社会的发展。因此，适度的合理自卑也有一定的益处，但过分的自卑则使人什么事都不敢尝试，这种人会与成功愈来愈无缘。

在克服自卑、战胜自我的道路上，孩子很需要妈妈的鼓励和帮助。没有一个母亲会吝啬给自己孩子的爱，唯有相信自己的孩子、做一个有耐心的妈妈，才能让孩子不会畏惧自我的阴影，乐观、快乐地成长。

2. 融入团体环境，将孤独拒于门外

上课了，老师走进教室，习惯性地环视一周，看到小洁座位又空着，已经见怪不怪了。

小洁，六岁，小学一年级的女生，敏感、胆怯，与班上的孩子非常合不来，每天早上上学都要大哭一场。

造成小洁缺课的原因，是她的父母长年在外打工，她是由爷爷、奶奶带大的。但是爷爷、奶奶又有自己的事要做，使她长期一个人在家，缺乏与外人的交流，因此性格严重孤僻，称之为"孤独症"。

孤独症会让孩子体会不到集体的温暖，不会与同伴建立友谊，体会不到与人互动带来的快乐与自信。像小洁这样长期独处的孩子，性格会变得愈来愈孤僻、冷漠，将来很难融入社会。因此，面对孤独症的孩子，如果不及早进行积极地矫治，将会影响他的一生。

豆豆读小学四年级，从进入学校那一天开始，他就独来独往，不和同

学交往，上课也很少向老师提问，成绩没什么进步。长久以来，大家也习惯了，渐渐忽略掉了豆豆这个人。有一天，豆豆忽然感觉不舒服，送去医院检查，才发现他腹部长了一个结节。经过医生详细检查与询问，医生推测，豆豆的结节可能跟他长期孤僻的性格有关。

写给家长

据医疗工作者的研究，性格孤僻的人很容易感到沮丧、消沉、自卑，严重者甚至有仇恨、愤怒等情绪，并且会被这些情绪左右，使心情烦躁不安，人际关系紧张。长期的孤独感还能改变人的生理环境，降低人体免疫力，进而容易感染各种疾病。严重的孤独症患者一旦患病，由于平时已经缺乏与人的沟通交流，若再没有人关心安慰，一旦想不开，很可能会失去战胜病魔的信心。那么，该怎么引导孩子积极与人交流呢？培养他广泛的兴趣、爱好，不失为一个好方法。

❋　　　❋　　　❋

牛牛在学校里是个独行侠，给人的印象就是胆小、孤僻，没有朋友与玩伴；在家也是一个标准"宅男"，除了做作业，就是一个人窝在沙发里看电视。妈妈把牛牛的这一切看在眼里，心里非常着急。妈妈知道牛牛喜欢画画，便帮他报名绘画班，并趁他生日时，鼓励他主动邀请同学来家里做客。如此一来，牛牛渐渐交到了一群志同道合的好朋友，也开始常常和同学在一起谈论画派及画家，互相品评画作，非常开心。

写给家长

性格孤僻带来的心理疾病显而易见，兴趣广泛的孩子通常不会感到孤独，而孤独的孩子往往没什么兴趣爱好。因此，妈妈要常常关心孩子的情绪，看孩子在学校和在家里的表现，并在发现问题时及时引导，帮助孩子建立兴趣爱好就是一个好办法。孩子能在自己喜欢、有意义的活动中寻找乐趣，渐渐就能和志同道合的人走在一起；有了知心朋友，孩子彼此之间就能相互信任、相互理解，高兴时有人分享快乐，悲伤时有人分担苦闷，感情有所寄托，就不会感到孤独了。

※ ※ ※

"闹闹"是孙铭铭的小名，因为她总是不停地闹，一刻也停下来。一下课她就和同学、老师打闹，回到家则喜欢和家里所有的人打闹，即使一个人在家，也要把电视开得非常大声，让邻居都受不了！老师找孙铭铭谈话，问她为什么不能安静一会儿，她回答，她害怕一停下来大家就不理她了，她害怕孤独。

写给家长

有的孩子忍受不了安静的环境，总希望有人陪自己说话，即使是短暂的分离也难以忍受。有的家长会认为这只是性格外向，事实上，家长应正视这个问题。对正常人来说，适当的孤独没什么不好，偶尔的宁静可以使浮躁的心情平静，也可以整理混沌的思想，就像人本主义心理学家认为的，独处是人的需要。妈妈要让孩子正确看待孤独，把孤独看作是生活中不可缺少的要素，设法去战胜它、超越它，那么孩子就会在短暂的孤独中享受到快乐，有所体悟。

战胜孤独是人生中的一个重要课题。孩子总会有想独处的时候，因为年轻的羞涩，因为遭遇到挫败，或是因为怕受到伤害。你怎么对别人，别人也会那么对你，因此，唯有敞开心胸，才能取得他人的信任。不论在生活和学习上遇到什么问题，孤独不可能帮助孩子解决难题，唯有让孩子融入群体中，孩子才不会害怕。只有家庭和谐、同学关系和睦，孩子才能健康、快乐地成长！

3. 从襁褓到学生的完美转换

　　从被当作宝贝一样呵护、爱惜，到开始学习自己照顾自己；从对周围的人和事充满好奇和疑问，到开始对周围的环境进行科学系统的认知和探索，小学阶段将是孩子面临的人生中第一次重大的变化。所有的妈妈必须保持冷静并认识到，虽然有风险、有挑战，但这是一个从幼儿园到小学必经的转型期，也是孩子必经的"脱胎换骨"。经历了这个转折，孩子便与社会渐行渐近，而这种转型，也将成为孩子走向社会的真正起点。

　　小杨大学刚毕业，到某学校教小学一年级。教学有一段时间了，孩子们的表现却实在让她头痛：小孩子们坐不住，每过一会儿就会有各种各样的要求，她用尽了各种方法，有用小红花、糖果表扬奖励的，也有批评惩罚的，但是顶多只能让小朋友们安静坐十分钟，然后他们就继续在下面乱成一片。上课的时候，孩子们根本不听课，甚至每隔几分钟就有小朋友说要去上厕所、喝水，不让他们去就挤眉弄眼，一副很痛苦的样子，其他的小朋友又开始哄堂大笑。还有小朋友天天缠着自己问："我妈妈什么时候来接我？"还说上小学每天要很早起床，不像幼儿园可以迟到，要写作业，每天做自己不想做的事，太累了。

写给家长

　　小孩子们有这种表现，就是因为没有做好从幼儿园小朋友成为小学生的心理准备，幼儿园和小学的教育本质上不同，因此导致了这种不适应性。幼儿园的时候每节课以玩耍为主,小学则以知识课程为主;在人际关系上,幼儿园的老师就是孩子们的阿姨,负责照顾孩子的吃喝拉撒睡等,而小学里老师则主要负责传授知识,要求孩子自身具备生活自理能力。在幼儿园里并没有严格的约束,小学里却有严格的规章制度;幼儿园没有家庭作业,即使有也是自愿的,而小学则不同,每天都有不同的家庭作业要做,不完成不行。

以上种种变化不仅是多面的、大量的,而且是多变的。所以从入学第一天起,就要孩子与过去习惯的生活完全告别。

※　　　　※　　　　※

图图妈妈在图图上幼儿园的时候,参观过他班上的课程,那时妈妈发现,图图上课时注意力并不是很集中,态度有点懒散;幸好幼儿园里的功课并不难,即使漫不经心,也不会差太多。但是上了小学就不一样,小学的课程难得多,再这样下去可不行,图图妈妈开始有些担心了。

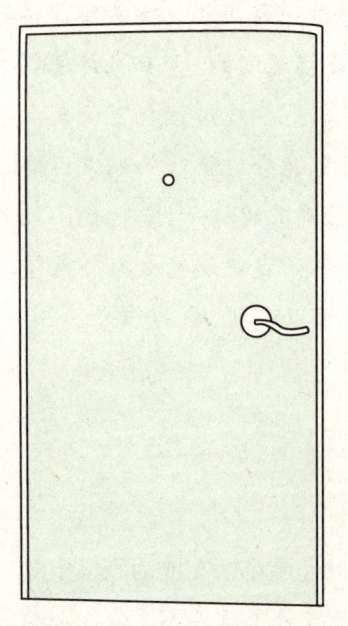

在一次家庭聚会上,图图看到表哥得了个"全勤奖",就问什么是"全勤奖"?妈妈突然眼睛一亮,趁机告诉图图,"全勤"就是每天都按时到学校、坚持上课、没有迟到早退、没有请假,才有机会得到"全勤奖"。这一次,妈妈惊喜地发现图图很在乎这个奖,从那之后,图图每天都早早地背书包去上学。

接着,妈妈乘胜追击,把表哥的"三好学生"奖状拿给图图看,顺便告诉图图,"优等生"可不只是成绩好,还要德、智、体、美各方面都很优秀才能得到,于是,图图又将"优等生"视为自己的目标。一放学回家,妈妈总能听到图图喜悦的声音:"今天老师问了一个问题,只有我一个人举手回答,并且回答正确,为我们小组赢得了一朵小红花!"

写给家长

榜样的力量是无穷的,特别是同年龄孩子中的"英雄""榜样",更会鞭策孩子上进。 家长在孩子角色转型的过渡期,要充分意识到这件事的重要性;这时的孩子既对未来的学习带着渴望和憧憬,又对未知的学习环境抱着胆怯和畏惧。图图妈妈找到了一个正确引导孩子转变角色的办法,就是为他建立一个身边的好榜样,他可以成为"三好学生",可以成为"学生干部",这些都是不同于幼儿园生活的乐趣。

除了在精神上帮助他转型之外,妈妈还可以为孩子购置一些学习用品,教他整理自己的书包,为他制订生活时间表。

著名教育学家、在幼儿园到小学衔接课题方面有深入研究的吴子健先生认为,作为孩子一生的、也是第一位老师的家长,不仅要在物质方面为孩子打好基础,心理辅导也是不可缺少的。特别是在孩子即将进入小学,学习生活环境发生重大变化的时候,家长有责任帮助孩子适应新环境,顺利地踏上起跑线,迈出第一步。

4. 让赞赏成为孩子的一缕阳光

一个小女孩特别热爱音乐，她把自己的歌声留在学校、家里、街道、树林等地方，可是，没有一个人称赞她唱得好；她的父母甚至反对她唱歌，认为那是不务正业。她相当沮丧，一度产生放弃的想法。有一天，她在公园里唱歌，一个老人笑着说："小姑娘，你唱得实在是太好听了！"她听后内心一震。正是有了老人的这句赞赏，她没有放弃唱歌，并在多年后成为国内的知名歌星。成名后，她再次旧地重游拜访老人，意外得知老人已去世多年，并且已耳聋了大半辈子，根本听不见她唱的歌；可是，就是这一句"你唱得太好听了"的赞赏，给了她坚持的动力，才有了后来的成功。

教育孩子有很多种方法。如果说，责罚是照耀灵魂的巨镜，让人能更清醒地认识自己，那么，赞赏就是抚慰人心灵的阳光，能使人心情愉快，成为坚持下去的催化剂、强心针。毫无疑问，赞赏在孩子成长过程中有极重要的作用。把赞赏作为一种教育手段，是对孩子正确的行为加以肯定和认同，表扬得越多，神奇的功效就可促使孩子出现越多的好行为，但是也不能一味的"戴高帽"，以免适得其反。因此，适度地有引导地表扬孩子，才能实现父母表扬的初衷，否则就可能弄巧成拙。

元元上小学一年级，每天放学回家，她都告诉妈妈："今天老师的提问，我都答对了！""我今天自己整理书包！""我今天捡了十块钱，交给老师，老师在班会上表扬了我！"可是，妈妈因为工作忙，几乎没有响应过元元。渐渐的，元元愈来愈不跟妈妈讲学校里的事，她对学习的兴趣也逐渐下降。这时，妈妈才恍然大悟，自己的疏忽可能是导致元元改变的原因。

写给家长

元元妈妈的问题在于,当元元主动告诉她自己的小进步时,她没有理会。小孩子只有经常得到肯定,得到表扬,才会建立起自信,最有效的方法,就是孩子有了好行为的时候,马上给予表扬。元元妈妈可以说:"你今天自己整理书包,做得非常好,下次还可以自己整理吗?"这样她就会意识到自己究竟做对了什么。为了得到表扬,她也会愿意去学新东西。只要孩子有了好的表现,马上表扬她,不要拖延。

✽　　✽　　✽

扬扬妈妈开了一间小小的画廊,她对正在上小学的扬扬要求非常严格,希望扬扬将来成为画家。可是,扬扬对画画始终没有太大的兴趣。一天,扬扬画了一只猫咪,憨态可掬,非常可爱,扬扬妈妈非常高兴,搂住扬扬一阵乱亲,极力夸奖他:"你太伟大了!"结果这一举动弄得扬扬一头雾水,除了那一只猫咪以外,后来再也没有画出令妈妈满意的作品。

写给家长

赞赏是为了鼓励孩子的良好行为,但是诸如"你真伟大"这类的赞扬,会让孩子感觉茫然。他不知道你到底表扬的是他哪一方面,是画画进步?还是态度端正?如果妈妈把赞赏的话变成,"你画的猫咪太可爱了,尤其眼睛画得特别好,以后画动物就应该这样,抓住它的眼神",那么扬扬就会记住"眼神很重要"。所以赞赏孩子的时候,要具体说明,这样他才能记得住。

✽　　✽　　✽

臭臭是个很调皮的孩子,妈妈经常为了管教臭臭而头疼。一天,妈妈发现臭臭拿了三个玩具出来玩，玩完以后放回去了一个，妈妈灵光一闪，拉过臭臭对他说："臭臭，你今天玩完玩具知道自己收拾，这样做很好！但是你只收了一个，剩下两个妈妈帮你收，明天你可以多收一个吗？"臭臭害羞地笑了，主动帮助妈妈把剩下的玩具收好。

写给家长

很多妈妈觉得收玩具这种鸡毛蒜皮的事情，不必特别赞扬，其实，孩子的生活和学习习惯就是由这些小事情累积起来的。比如，你让孩子在做完作业后阅读一个100字的小故事，当他读完以后，你就表扬一下；明天，你再要求他阅读一篇150字的小故事，事后再表扬他。渐渐的，他就会养成阅读的好习惯。

制定目标要循序渐进，这样才不会让孩子产生过大的压力，反而能让孩子从中体会到挑战的乐趣和进步的快乐。表扬也要形成习惯，但不能让孩子产生骄傲和自满。当孩子已经拥有自信的时候，适当减少表扬的次数而帮助他分析自己，才能让孩子保持乐观、健康的心理。

你的孩子跟所有正常人一样需要赞赏和肯定，特别是这些赞赏来自他们最亲密的人时，他们会得到很多的满足和鼓励，进而认识到是非对错。时刻注意孩子的行为，当他做的事值得奖励时，不要吝啬你的赞美，由于赞扬让孩子获得愉悦和自信所产生的价值甚至超过十块巧克力。

5. 敲警钟，让孩子从高空回到地面

夕阳将一只孤独的狼的身影拖得很长，几乎快有一片草地的大小。狼骄傲地看着自己的影子，来回踱步，"还有比我更大的动物吗？从今天开始

我就是百兽之王，从现在起，所有的动物见到我都要下跪。"骄傲的狮子当然不这么认为，在他眼中，这头狼比自己弱小得多，于是他跑过来一口咬住狼的脖子，新的"百兽之王"这才知道自己的愚蠢，"真可悲啊！原来我这么小。"

这则寓言生动地说明自负所带来的恶果，一旦教育稍有偏差，就会使孩子自负，盲目地认为自己优秀。一般来说，自负都表现在独生子女身上，或是表现在家庭条件较优越、具有某种先天优势的孩子身上。

晓琴从小学习弹钢琴，有不错的成绩，很快成为学校文艺方面的知名人物，为学校赢得了很多荣誉，老师们都喜欢她、夸奖她。当晓琴习惯鲜花和掌声后，渐渐的，妈妈发现晓琴变了，她独来独往，不和班上的同学一起玩。问她原因，她说："他们水平太低了，我不想和他们一起玩。"她有时甚至对老师和长辈也态度傲慢，妈妈为此相当苦恼。

写 给 家 长

心理医生认为，儿童自以为了不起的自负心理，是自我认知缺陷的一种表现；处处瞧不起别人、对大人也常傲慢无礼，则是一种缺乏自知之明的心理缺陷。

像晓琴这样的孩子，生活在大人们的万千宠爱之中，因为她的聪明可爱和钢琴专长，使同学对她刮目相看，大人们对她有求必应，这些过分的夸奖，助长了她的自视过高。由于孩子本身价值观尚不完善，缺乏客观评价自己的能力，再加上成年人对她的评价不当，造成她的错觉，让她觉得自己真的是毫无瑕疵，进而得意忘形、目空一切。

晓琴妈妈反复思量之后，带晓琴去听一场郎朗的音乐会，并告诉她郎朗小时候是怎么努力，才达到今天这样的音乐造诣。晓琴听了之后若有所思，妈妈趁机告诉她，成功都要靠一点一滴的累积，人不能因为一时的成绩而妄自尊大，更不能洋洋得意而就此停止努力。从那件事情以后，晓琴开始慢慢地和同学接触，尊敬师长。

写给家长

　　人不可能尽善尽美，孩子总有不足的地方，对于孩子不能一味表扬，给他适当的批评，可以帮助孩子更加正确地认识自己。但是批评切不可以偏概全，更不能掩耳盗铃、视而不见。
　　对于纠正晓琴的自负心理，晓琴妈妈聪明地选择让她走出去，见识更广阔的天地，接触同领域更高的层次，给她一点小小的打击，让她认识到"天外有天，人外有人"，不失为一个好办法。

※　　　　※　　　　※

　　一年一度的青少年钢琴比赛又开始了。以前都是妈妈带着晓琴去报名，今年，妈妈要让晓琴自己去，晓琴马上答应下来。可是，真正到了报名的时候，晓琴才知道有多么不容易，她必须自己去坐公交车、排队、填表；报完名回到家里，她已经很累了。妈妈便趁机表扬晓琴成功报名，并鼓励她明年也自己去，晓琴立刻高兴地答应了。

写给家长

　　家长的不当行为会直接成为孩子缺点的来源，特别是对孩子的溺爱以及过分的保护，会让孩子无论从心理和行为上都产生依赖，造成孩子难以自理、意志薄弱等缺点。没有经历过风浪的小船是永远驶不进大海的。所以，找个机会让孩子自己独立去完成一些事，不仅可以培养孩子独立生活的能力，还可以增加孩子面对挑战、挫折时的反应能力，使孩子心智更健全，不至于过分自负，禁不起任何打击。因此，家长们一定要理智、科学地爱孩子。

6. 正确疏导，杜绝叛逆"坏小孩"

在阳阳十岁的时候，妈妈觉得阳阳愈来愈不听话，愈来愈倔强，没说几句话就很不耐烦，叫他做什么他就偏不做，不让他做的事他反而很感兴趣。

阳阳从小就爱吃零食，原本在吃饭前不允许他吃零食，他也乖乖听话；现在即使马上就到吃饭的时间，他却还是要找零食吃。有一天吃午饭，饭菜都端上桌了，阳阳还拿着一包薯条吃，妈妈立刻制止他，"马上就吃午饭了，你怎么还吃零食呢？"

阳阳很不高兴地回答："吃点薯条又不会怎样。"

"吃零食对身体不好，马上就要吃饭，还吃零食。"妈妈把阳阳手中的薯条抢了下来。

阳阳不再理妈妈，胡乱吃了几口饭就回房间去了。

孩子愈来愈大了，母亲也许会发现，孩子很多时候变得不听家长和老师的话，大人不让他做的事他偏要做，让他做的他偏不做。"怎么愈大愈不懂事呢？"这就是孩子的叛逆心理在作怪。

在孩子的心理发展过程中，叛逆心理是一种必然出现的心理现象，不可忽视。当孩子一天天成长，他的认识能力、语言能力、思考能力、判断能力，甚至胆识都在极速"膨胀"，这种随时要"爆发"的能量，导致孩子产生强烈的自我良好的感觉，想模仿大人"独当一面""潇洒一回"的欲望与日俱增。可是这时期的孩子年纪还小，生活阅历浅，因此当父母处处限制孩子、唠叨孩子时，孩子唯一的办法就是反抗。

此时，如果不及时引导和疏通，就会影响父母和孩子的关系，也会影响孩子的健康成长，严重时会把孩子推向深渊，走向歧路，无法回头。因此，聪明的妈妈们绝不能采取强迫的方式。

贝贝近来脾气突然改变，不像以前爸爸妈妈可以和她好好讲道理。晚上十点钟，妈妈要贝贝睡觉，可是贝贝却偏要起床去看卡通片。

妈妈说："这么晚了，小朋友都睡觉了，卡通片明天再看。"

贝贝不肯，开始发脾气："我就要现在看，明天就没有了。"

妈妈也很生气，对贝贝说："快睡觉，你再不好好睡觉，我打你。"

贝贝的眼泪在眼眶中打滚，她一声不吭，也不睡觉，只是倔强地看着妈妈。

写给家长

小孩子之所以不肯和家长沟通，往往是因为家长总是以大人的姿态出现，而不是以平等的朋友关系对待。试想，父母老是用一种严厉的口吻，板着面孔不停地教训、责备，孩子怎么会听话呢？和孩子做朋友，遇到问题，不要急于责备，而是和他共同分析问题，多与孩子沟通，跟孩子讨论你对他的生活安排，倾听他的想法，让他理解，不要急着反驳，也不要急于让他同意你的看法。

※　　　※　　　※

欣欣六岁时，妈妈帮她报了钢琴班，除了下午上课，每天晚上还要练习两个小时。今天下午刚学了一首新曲子，妈妈要欣欣多练习几遍，可是欣欣就是不弹。

妈妈说："欣欣不是想当钢琴家吗？现在你不多用功练习，怎么能实现理想呢？"

欣欣脾气很倔，说："我不想弹了，我就是不弹。"

妈妈又说："欣欣乖，你把这首曲子弹好了，妈妈买新衣服给你。"

"不，我不弹。"欣欣依然拒绝弹琴。

写给家长

母亲和孩子沟通时要蹲低身体，不仅是身体蹲下，更重要的是心态也要一并跟着蹲下。很多时候母亲觉得明明是为孩子好才提出的建议，孩子却不接受，就会对孩子发脾气。这个时候母亲不妨蹲下来，从孩子的角度思考，这个建议是否合适。

很多母亲都喜欢带着孩子逛商场，那些琳琅满目的商品总是让人大开眼界，但是你可能没想过，孩子看见的，不过是琳琅满目的大人们的腿；如果这时还埋怨他不听话，那就太不近人情了。同样的，欣欣不想弹琴，可能是因为她累了，玩是小孩子的天性，母亲千万不能因为望子成龙，而剥夺孩子的权利。

所以，当孩子不听话的时候，不妨从孩子的角度想，适度的体谅才能有效缓和孩子的叛逆心理。

❋　　　　❋　　　　❋

童童是小学二年级的学生，非常淘气，经常和老师唱反调。

上音乐课的时候，老师要小朋友一起唱歌，童童非但故意不唱，还大声说一些稀奇古怪的话，而当老师讲课的时候，童童偏要唱几句。旁边的小朋友碰童童的手，叫他不要再捣乱，可是童童理都不理，反而唱得更大声。

这时老师摸了摸童童的头，说："小朋友们，老师刚才发现童童唱歌很好听，可是要唱好一首歌，不仅需要每个人都要唱好，还需要大家配合，童童这么有音乐天赋，儿童节的时候我们就推举他去比赛唱歌好不好啊？"

"好！"其他的学生都异口同声地回答，而童童，也开始认真地听课了。

写给家长

在面对叛逆的孩子时，鼓励比批评更有用。如果要减少孩子的对立情绪，妈妈不能滥用批评，而是进行适当的鼓励。当着学校这么多同学的面，批评孩子会伤害他的自尊心，不如从事情的另一面出发，多想想孩子的优点，把优点放大；孩子受到表扬和鼓励后，接受批评自然也会更容易。

7. 困难不过是张纸

张海迪五岁时因为罹患脊髓炎，胸部以下全部瘫痪。从那时候起，张海迪开始了她独特的人生。她自学完成中学课程、大学英语、日语、德语和世界语，并攻读大学和硕士研究生的课程，钻研针灸，先后翻译了《海边诊所》等数十万字的英语小说，编著了《向天空敞开的窗口》《生命的追问》《轮椅上的梦》等书籍。其中《轮椅上的梦》在日本和韩国出版，而《生命的追问》出版不到半年，已加印三次，获得了中国"五个一工程"图书奖等。

人生的旅途充满了未知，不管前面是泥泞的沼泽，还是通达的坦途，我们始终会向前踏步；要随时做好面对困难的准备，才能在迎接未知时坦然自若。只要是人，就会面临人生中各式各样的困难，小到如走路时遇到一块石头，要跨过去才能继续前进；大到如张海迪，要穷尽一生去战胜它。

面对困难时的态度，通常都是从小就要开始学习。蚕蛹破茧化蝶的时候困不困难？困难；初生的小鸡破壳而出的时候困不困难？困难。作为父母，我们有必要教孩子如何去战胜它，让困难成为孩子成长的台阶。

毛毛是个很爱哭的小女孩,在家里不管遇到什么事她都哭,和弟弟抢玩具抢不到要哭,不想自己吃饭也哭,作业不会做还哭,只要她一哭,家里人都让着她。慢慢的,毛毛便用哭来解决事情,确切地说,就是用哭来让其他人帮她解决问题。妈妈一直想找机会跟毛毛沟通,告诉她这样做是不对的,但一直没有机会。

有一次,毛毛一个人玩剪纸,遇到几个复杂的转角,毛毛把纸一扔,说:"妈妈,这个好复杂,我不会,你来帮我吧!"妈妈听了之后非常开心,心想,教育的机会来啦!就对她说:"宝贝,妈妈觉得你可以做到!"然后,妈妈告诉她怎么寻找窍门,让毛毛独立完成了一次剪纸游戏。

写给家长

像毛毛这样的孩子比比皆是,有的小孩害怕困难,不该躲的时候也躲,或者一遇到挫折,立刻放弃。孩子可能听不进大道理,而剪纸游戏虽然看起来不起眼,却可以透过游戏教育小孩培养面对困难的决心和恒心。当家长认为孩子可以战胜眼前困难的时候，一定不能代替他，而要让他自己去面对；将来长大成人之后，在更大的困难面前，也就会有面对的勇气。

童年完全没有尝过痛苦和挫折的人，长大后十之八九不快乐。**要想真正地培养一个坚强和快乐的孩子，妈妈必须戒掉"心疼"的习惯，让孩子勇敢面对困难与痛苦。**就算走路摔倒，踢球擦伤，也不要过分理会。千万不要说："妈妈替你做吧！"而是要狠下心肠告诉他："坚强地站起来。"慢慢的，孩子可以了解到，靠自己的智慧和力量战胜困难是最大的乐趣。

※　　　※　　　※

《圣经》中有一个故事，身材巨大的歌利亚人和身材矮小的以色列人对战。对于以色列人来说，身材的巨大差异就是他们最大的困难；和巨人正面交锋，需要有正面交锋的技能，比如剑术，或者搏斗术，可是碍于身材的关系，以色列人都没有优势。戴维王的哥哥们一看巨人来挑战，马上就怯场了，立刻躲得远远的。后来，反而是年龄、身材最小的戴维王出来应战，他取长补短，用弹弓击退了巨人。

写给家长

《圣经》中的这个故事告诉我们，解决困难需要一些技巧，如果发现正面攻击必然失败时，就可以另辟蹊径。如"田忌赛马"，舍其短、扬其长，同样可以达到目的。

当孩子在攀登一个一个山峰的时候，有时需要妈妈传授知识和技能给他们；有时需要妈妈充当他们的脚架；有时则需要妈妈给予鼓励。正如一位哲人曾经这样说过："人生是一次航行。航行中必然遇到从各个方面袭来的劲风，然而每一阵风都会加快你的航速。只要你稳住航舵，即使是暴风雨，也不会使你偏离航向。"

8. 跟孩子一起规划时间

萌萌已经七岁了，可是做什么事都要磨蹭很久。早上起床会赖床，刷牙挤个牙膏也会耗半天，像是在玩牙膏，吃饭基本上每顿要吃一个小时，吃吃停停。最重要的是，这两天考试，题目也有好几题来不及做，结果可想而知。妈妈想了很多办法来强化他的时间观念，比如说，在规定的时间内完成某件事就给奖励。刚开始还有用，后来萌萌就愈来愈烦躁，又变回老样子。

其实像萌萌这样的孩子很多。先不说孩子做事没有时间观念，反观大人，办事拖拉，约会不守时的情况也常出现。为什么这些快节奏生活忙碌的大人，还会缺乏时间管理能力呢？这些都跟幼年时的生活有关。如果一个长期在宽松的环境中"自由"成长的孩子，家长不加以管束，慢慢的孩子就会习惯，长大后自然就缺乏时间管理能力。那么，应该要如何管理时间呢？

在佳佳很小的时候，妈妈就有计划地培养她的时间观念。首先，先培养佳佳的时间意识。当孩子太小的时候，根本不知道一分钟是多长，一小时又是多久。于是，妈妈就问："你知道一分钟能做什么吗？"佳佳想一想回答："喝水、上厕所、穿衣服、洗手、画画。"然后，妈妈把佳佳的回答付诸实践，然后和佳佳一起分析，喝水、说一句话这些事情确实能在一分钟之内完成，而上厕所、洗手、穿衣服、画画都没有办法。通过这种实践，佳佳对一分钟就有了具体的认识。

写给家长

这种做法适用于年龄比较小的孩子，有助于帮助他们认识时间是什么，一分钟有多长，在这个时间里能做什么。依此类推，慢慢的，孩子脑子里就会形成时间的观念。

※　　　※　　　※

兰兰家的客厅里挂着一个漂亮的时钟，墙上挂着一个画板，上面标明了什么时间做什么事。原来，这是妈妈和兰兰一起做的"活动时间表"，上面明确规定孩子在家的作息时间，包括几点钟看卡通片、几点钟玩游戏、几点钟洗澡、几点钟上床睡觉。

写给家长

要引导孩子按规定的时间完成任务，家长一定要在旁加以辅助。例如：在孩子从事某项活动时，提前告诉她还有多久结束，让她做好充分的心理准备。慢慢的，孩子便可以自己学会估算时间，甚至把握和控制时间。如果孩子按表操作时，家长再给予鼓励，便可以收到事半功倍的效果。

❋　　　❋　　　❋

亮亮是个不太遵守时间的孩子，为了叫他起床，妈妈每天早上得进出卧室好多次，还看到他在床上磨蹭。后来，妈妈用了一招比较狠的方法，终于让亮亮有了时间观念。妈妈叮嘱亮亮自己调好闹钟，早上亮亮起不来，妈妈也不再三番五次催促他，而是让他迟到，并且自己承担迟到的后果。下午放学回家，亮亮一边玩一边做作业；到了睡觉时间作业还没做完，妈妈也不责怪他，而是叫他上床睡觉，让他第二天自己去面对老师。亮亮是个自尊心比较强的孩子，渐渐的，他不再让妈妈催促，而懂得自己掌握时间。孩子的时间观念培养起来，学习效率自然也就提升了。

写给家长

对六至十岁的孩子而言，父母常使用说服教育和奖励教育，但是溺爱更会断送孩子人生的前路。这时不如放手让他们去做一些事，自己去承担一些责任。帮助孩子形成良好的生活习惯不是一天两天的事，所以，如果要彻底改掉孩子没有时间观念的坏毛病，那就要父母多牺牲一点时间，和孩子共同来完成。

Part 2
第二章
强健体魄，塑造社会栋梁

> 运动，需要因人制宜，还应该循序渐进；开始的时候要做轻微的热身活动，之后再增加运动量。身体是未来的本钱，是一切的根本，所以妈妈们一定要帮助孩子把身体变得强壮，才有好好生活下去的依靠。

9. 睡眠充足，睡出高智商天才

浩浩的睡眠质量一直不太好，夜里经常惊醒，且醒了之后就不容易再睡着。睡眠不足严重影响他第二天的正常学习，因此浩浩常常在课堂上打瞌睡，可是到了晚上该睡觉的时候，又睡不着。

妈妈多方取经，为浩浩拟定了一个改善睡眠质量的计划表。

计划表的第一项就是，白天让浩浩适度地参与体育活动，如：足球、篮球、排球，既能强身健体，又能消耗体力。

第二项，是让浩浩在睡前半个小时就停止兴奋性的活动，可以看些词句优美的散文，或者听听轻音乐。

然后，让他在睡觉前洗个热水澡，再喝杯热牛奶，舒缓一下紧张的神经，改善身体状态。当浩浩上床睡觉的时候，家里就关闭一切音响的电源，保证环境的安静。

妈妈还帮浩浩换了一个枕头，是个十厘米高的药枕，里面放了些荞麦皮、桑叶和菊花。老中医说，这些都有静心安神、清脑除热的功效。

坚持了一段时间后，浩浩的睡眠质量果真得到了改善；晚上睡得好，白天也精力充沛，学习起来也更有效果了。

有研究显示，孩子学习成绩与睡眠时间的长短有密切关系，凡是睡眠短于八个小时的孩子，平均成绩明显低于睡眠时间在十个小时以上的孩子。睡眠少会直接影响孩子今后的发育、智力和学习，睡眠不足的孩子多动、好斗、易怒，因此，妈妈应该从小就培养孩子良好的睡眠习惯，这将使他终身受益。

萍萍的妈妈在报纸上看到一则医学报告，研究人员通过对350个健康宝宝进行睡姿研究，发现趴着睡的宝宝智力发育比较快，但是躺着睡的宝宝也能够慢慢赶上趴着睡的宝宝；但是趴着睡容易窒息，躺着睡则安全无虞。

到底该让萍萍怎么睡，妈妈可伤透了脑筋，她想让萍萍更聪明，但也不希望萍萍发生什么不测。为此，妈妈特别到医院咨询小儿科专家。

医生建议，宝宝白天午睡的时候有大人在一旁照顾，可以让孩子趴着睡。但晚上睡觉时，最好让孩子躺着睡，标准的姿势就是"卧如弓"：身体向右侧卧，屈右腿，左腿伸直，屈右肘，左上臂伸直，放在左侧大腿上，而睡醒之后要改为仰卧，伸展四肢。

有些孩子适合趴着睡，有些孩子却不适合。比如：患有胃食道逆流、阻塞性呼吸道异常、斜颈、严重呕吐等的孩子，可以趴着睡；而患有先天性心脏病、先天性哮喘、肺炎、腹胀、坏死性肠炎等的孩子就不适合。

萍萍的妈妈没想到，睡眠的姿势居然也这么有讲究，该让孩子怎么睡，还真是有学问的一件事。

写给家长

由于孩子在母亲的子宫内就是腹部朝内，背部朝外的蜷曲姿势，所以孩子趴着睡时更有安全感，容易睡得熟，不易惊醒，有利于神经系统的发育，从这个方面来说，趴着睡比躺着睡更容易促进智力的发育。但是，趴着睡的弊病也比躺着睡多，所以对于孩子睡眠的姿势不必强求，怎么舒服就怎么睡。

※　　　　※　　　　※

露露的睡眠质量一直都很好，可是不知道为什么，这段时间她晚上总是睡不安稳，第二天无论多晚起床还是觉得想睡，没有精神。妈妈带露露到医院做检查，才知道是饮食惹的祸。

原来，这段时间露露特别爱吃妈妈买的皮蛋，每顿饭都要吃一两个，造成体内的铅含量超标，而且铜和铁都严重不足，造成露露睡眠质量的下降。

医生告诫露露的妈妈，不能让她再这样吃皮蛋，而应该多吃些含铜丰富的坚果、龙虾、萝卜、动物脂肪和花生酱等，以及含铁较多的动物肝脏、猪瘦肉、蛋黄、紫菜、黑木耳、海带等食物。

"没想到日常饮食还能吃出失眠，我回去得好好研究一下。"露露的妈妈说。

写给家长

科学研究发现，人的饮食或血液中如果缺铜或铁就容易失眠，如果饮食中摄取了过量的铅，就会导致睡眠质量严重下降。因此，家长应该注意孩子饮食结构的均衡，少吃皮蛋、爆米花等含铅多的食物，因为铅能取代其他矿物质铁、钙、锌在神经系统中的活动，是脑细胞的一大"杀手"。

❈　　　　❈　　　　❈

遥遥十岁，妈妈在报纸上看到，十岁的孩子每天至少需要十个小时的睡眠时间，于是妈妈要求遥遥每天中午都要睡午觉，晚上八点就上床睡觉。

吃完饭没多久，妈妈就催促遥遥上床睡觉。

"妈妈，我今天吃得好饱，可不可以多消化一下再去睡觉？"遥遥摸着圆滚滚的肚子说。

"不行，不睡觉白天哪来精神学习？快睡！"

遥遥慢慢地刷牙、洗脸、洗脚，上床，在躺下盖被子的时候又求妈妈："今天晚上《七龙珠》大结局，让我看完再睡！"

"看完了还睡得着吗？"妈妈只说了一句，遥遥就知道没有希望。他叹口气，在床上翻来覆去，就是睡不着。

已经很晚了，遥遥却愈睡愈清醒，他干脆爬起来，打开台灯，拿一本书来看。

"遥遥！"妈妈不知何时走进房间，生气的抢走遥遥手中的书："你再不睡觉，妈妈就要生气了！"

微风把窗帘掀起来，遥遥数着天上的星星，慢慢地进入了梦乡。

写给家长

人一生中有三分之一的时间是在睡眠中度过的，缺少睡眠或睡眠过多，都会对智力发育产生不良的影响。

睡眠时间过长，心脏跳动会逐渐减慢，新陈代谢率会降得很低，肌肉组织也会松弛，甚至智力也会跟着下降。因此，想用增加睡眠时间来获得健康的观念是不正确的。只有正常充足的睡眠，才能让人解除疲劳，恢复体力和脑力。

10. 让孩子爱上吃饭

悠悠是个各方面都不错的孩子，就是吃饭让妈妈伤透了脑筋，尽管每顿饭都变着花样煮给她吃，但是悠悠并不"领情"。

"悠悠老是不喜欢吃饭，每顿饭都要吃一个小时以上，通常是把饭菜热了又热才勉强吃完。"

旁边珠珠的妈妈说："我家珠珠最挑食了，带苦味的东西一口都不吃。"

津津妈妈也说："吃饭一直是津津的大问题，平时就爱吃零食，到了吃饭的时间吃了几口就不吃了。"

"我们登登吃饭的习惯一点都不好,边吃边看电视才吃得下去。"登登妈妈也在为孩子的吃饭问题发愁。

现在想让孩子吃饱喝足已不是问题,可是十之八九的家庭都被孩子吃饭的问题所困扰,即使翻新花样、想尽办法,也打不开孩子的嘴和胃。

没有良好的进食习惯,营养素的摄取绝对不均衡,就会影响孩子正常的生长发育。一日三餐,一年就是一千多顿饭,要餐餐都让孩子吃得营养、吃得开心,几乎是"不可能完成的任务"。因此,妈妈们在不必过于强求的心理下,只要具有极大的耐心与灵活的技巧,就可以很称职了。

苗苗不喜欢吃饭,因为一到吃饭时间,就成了妈妈的询问时间。

刚坐上饭桌,妈妈就板着脸问:"今天学什么?"

"今天都在讲解期中考试的试卷。"

"这次考得怎么样?"

"语文不太好。"苗苗老实回答,并按妈妈的要求把试卷交给她。

妈妈边看试卷边问:"你怎么错这么多?连拼音这么简单的题目都做错。"

苗苗不吭声,妈妈仍然不停地唠叨:"这个鼻音的问题,我教了你很多次,结果还是做错,你究竟有没有认真学?"

苗苗忍住泪水,很想问一句:妈妈,你到底还让不让我吃饭?

写给家长

有些家庭一到吃饭时间,就成了"学习成绩质询会",询问成绩、数落错误、唠叨不休,其实这些都会造成孩子吃饭时精神紧张,降低食欲,破坏孩子的好胃口。所以当孩子进食时,家长最好不要干涉过多,否则孩子感到有压力,就会抑制进食要求。

❋　　　　❋　　　　❋

"吃饭了。"妈妈叫道，奔奔慢条斯理地坐上饭桌，无精打采的。

"今天我们要吃点不一样的东西哦！"妈妈又说。

奔奔一看，饭有三种颜色，原来是白米、黑米和玉米混合做成的。有虾仁莴笋，用西红柿片围了一圈，红红绿绿搭配得很好看。奔奔觉得很新奇，期待下一道是什么菜。

"奔奔猜一下，这道菜是什么做的？"妈妈又端上一盘菜，中间是黄色泥状物，周围点缀几朵花椰菜。

奔奔仔细辨认了一下，大叫："我知道了，这是土豆。"原来妈妈把土豆剁成泥，而不是像以往那样切成丝来炒。

这顿饭奔奔吃得津津有味，他摸摸发胀的肚皮，问妈妈明天要吃什么。

写给家长

一成不变的饭菜，吃多了不但孩子倒胃口，大人其实也会抗议；每天都吃同样的菜，相信没有一个孩子会乖乖吃饭。孩子天生"喜新厌旧"，对万事万物充满好奇。为了促进孩子的食欲，妈妈要经常动脑筋变更食谱，改进烹调方法，注意食物色、香、味、形的变化，这样才能提高孩子的用餐兴趣。

食物的多元化是引起孩子吃饭兴趣的好办法，要想办法做符合他们胃口的食物，花点心思在食物的"包装"上，这可以刺激孩子的食欲，让他们对食物感兴趣。

❋　　　　❋　　　　❋

点点11岁了，马上就要面临升学，妈妈比点点更紧张，要他四点半放学后再去补习两个小时。

补习两个多星期后，妈妈发现点点吃得愈来愈少，也没看见他吃零食，每到吃饭的时候，只用筷子挑几口饭就说自己吃饱了。妈妈买了很多帮助消化的药让点点吃，还是没有多大起色，最后不得不带他去看医生。

医生说，点点原本一天当中除了上学、吃饭、睡觉，还有两个小时的活动时间，自从妈妈占用了这两个小时以后，点点才变得食欲不振。医生建议，恢复点点的体育活动。

现在下午放学后，点点又可以像以前一样和同学一起踢足球、打篮球、打羽毛球。他逐渐恢复了以前的生龙活虎，回家第一件事就是问妈妈："什么时候可以吃饭，我饿坏了。"

写给家长

为了学习，很多家长都要孩子在放学后再去补习，剥夺了孩子户外活动的自由。其实，适当的户外运动可加快新陈代谢、加速能量消耗，有助于食物的消化吸收，进而促进孩子的食欲。不过，需要注意的是，进食半小时前不宜让孩子进行剧烈的运动。

11. 晨操甩掉婴儿肥

晓旭是个经常生病的孩子，他一感冒，同桌的小胖子小明就会被他传染，两个人你擦鼻涕我咳嗽的，老师对两人说："你们两人一个体弱，一个偏胖，都该好好锻炼一下身体。"

于是晓旭和小明约好，每天早晨起床一起运动，锻炼身体。6点30分，晓旭和小明就跑步来到约定的地点，一路上，山林青翠、流水潺潺、鸟鸣不绝。

晓旭说："我从来不知道早晨的空气这么清新。"

小明做了一个深呼吸："闻着这么清新的空气，心情都特别舒畅。"

两人跑到公园时，才发现早上做晨操的人居然这么多，有的在打拳，有的在跳舞，晓旭和小明也跟着伸臂、扭腰、踢腿。

"运动一下，身体都冒汗了。"小明说。

"明天我们还来吗？"晓旭问。

"来，每天都来。"

"好，一言为定。"

据说早晨7点－9点的空气最新鲜，加上太阳刚出来时，公园里的树木开始进行光合作用，氧气最充足，因此早晨是每日运动的最佳时段。另外，人经过一整夜睡眠，体力仍处在一定的休眠状态，晨操可以迅速地让神经兴奋起来，促进新陈代谢，为一天的学习和生活打气。

小健刚满11岁，身高160厘米，体重却有90千克，同学都笑他是个小胖子，医生也建议小健的妈妈让小健减肥。

妈妈除了要严格控制小健汉堡、巧克力、薯条等高热量食品的摄取，还要他每天早晨都起床运动。

"你前20分钟先跑步，后10分钟做操，再用5分钟的时间跑回家，然后吃饭、上学，一点都不会耽误。"妈妈帮小健做了详细的规划。

小健出门了，刚跑5分钟就觉得心跳加剧，胸口发闷，呼吸急促，速度也慢了下来。他喘着气，一屁股在地上坐下来，休息了一会儿觉得不喘，才又开始跑步。

谁知刚抬脚，胸口就开始隐隐作痛，小健试了又试，胸口愈来愈痛，小健不敢再跑步，只好慢慢地走回家。

写给家长

运动，需要因人制宜，还应该循序渐进；开始的时候要做轻微的热身活动，之后再增加运动量。如果在运动的过程中呼吸困难，就代表运动过量了，要赶紧停止。过量运动会造成系统功能失调、水或电解质代谢紊乱、关节磨损、加大心脏负荷等不良影响，所以妈妈千万记住，要让孩子适度运动，才能达到强身健体的作用。

※ ※ ※

"滴铃铃"早上6点30分，朋朋的闹钟准时响起，他伸手关掉闹钟，翻个身继续睡。

"滴铃铃"闹钟又响了，朋朋关掉闹钟，可是闹钟还在响。他睁眼一看，原来这个闹钟放在书桌上，朋朋不得不起床，去关掉"滴铃铃"作响的闹钟。

屋子里终于清静了，朋朋开始慢条斯理地穿衣服。哎呀，毛衣在哪里？

朋朋四处找，都没看见毛衣的影子。这才想起，毛衣被妈妈拿去洗了，他只得打开衣柜，重新找一件毛衣穿上。

这时妈妈推门进来："朋朋，你怎么还没准备好，小光都在楼下等你好久了。"

"小光?"朋朋拍了拍脑袋,后悔地说:"哎呀,我忘了昨天和小光约好早晨一起去跑步。"

朋朋飞快地穿好鞋子,往门外跑,妈妈把帽子拿给朋朋:"天冷,可别冻着了。"

写给家长

研究显示,每天至少活动30分钟就能预防疾病,并且可以消耗627焦的热量。早上孩子都要上学,一定要掌控好晨操的时间,时间短了就达不到运动的目的。所以,妈妈可以跟孩子约定,当天晚上就把第二天要穿的衣物放好;设两个闹钟,防止孩子偷懒;找一个伴,当孩子想偷懒或放弃的时候,他的同伴会提醒他,促使他坚持下去。

❋　　　❋　　　❋

小天的体重严重超过标准,妈妈决定早上和小天一起运动。由于今天是第一天,小天干劲十足。

衣服一穿好,小天就迫不及待要出门,妈妈递给小天一杯热开水,要他喝完再运动。

走出门,一股清新的风迎面吹来,小天已经想拥抱大自然。

"小天,来,跟着妈妈做动作。"

妈妈先搓搓手和脸,轻轻揉了揉耳廓,再分别转动左右脚踝,活动膝关节,最后深呼一口气,才开始跑步。

一路上看见带着露珠的鲜花,听着啾啾的鸟叫,小天高兴极了:"妈妈,原来早上的风景这么美呀,我以后天天都要起来运动。"

"别说话。"妈妈告诉小天一些运动的要点:"跑步的时候尽量用鼻子呼吸,速度不要太快,动作也别太剧烈。"

小天依照妈妈的指导运动,一个小时很快就过去了,小天喘着气,立刻

坐下来。

妈妈拉起小天,问:"很累吗?"

小天摇摇头。

"运动完以后,不要急着休息,可以像妈妈这样,让全身放松,两手自然抖动,两腿前后左右自然交替摆动,然后轻轻捶打大腿和小腿肚,让肌肉从紧张的状态充分放松。"

"妈妈,连运动都这么讲究啊!"

"是啊,运动是好事,但也要讲究方法,不然就达不到效果。"

写给家长

由于早上气温较低,妈妈记得提醒孩子要穿合适的衣服,以免受凉;出门前最好喝一杯温开水,不仅能补充水分,而且能降低血液浓度,促进血液循环和新陈代谢。许多人习惯马上运动，其实这样不好，人体各部位、各系统，从静止、抵制状态逐步过渡到兴奋、紧张状态，再回复到静止的状态，应该有一个缓冲期，为身体承受的负荷做好准备。

12. 跟小病痛说拜拜

每年的12月5日是"世界强化免疫日"，因为病毒细菌无处不在，只有拥有强大的免疫系统，才拥有战胜病魔的能力，为健康撑起一把保护伞。

小柔从小身体就不好，长得很瘦弱，只要遇到季节交替，小柔一定会得流感。妈妈想了很多办法来提高小柔的抵抗力，买了各式各样的保健食品，花了不少钱，但小柔还是长得瘦瘦弱弱的，没有明显的改善。

写给家长

很多广告说维生素能提高免疫力，说得天花乱坠，家长们为了孩子都肯试一试，心想就算没用也不碍事，只是维生素嘛！其实，大部分维生素并不能提高免疫力，即使是维生素C，也不适宜大量吃、长时间吃，会过犹不及。

❋   ❋   ❋

小顺的妈妈对小顺的身体特别紧张，已经上小学的小顺特别容易生病。于是，妈妈带小顺到医院做检查，排除了先天性免疫力低下和后天继发性免疫力低下的可能，只是因为小顺体内缺乏微量元素。于是，小顺在医生的指导下，开始进行有计划的治疗。

写给家长

当孩子常常有小病痛而家长又不确定是否属于免疫力低下时,可以直接到医院检查。几乎所有医院都可以验血检查,检验微量元素的含量。如果检查结果是缺乏某一类或几类微量元素,可以通过改善饮食或药物治疗进行调节和补充,做到缺什么补什么,避免乱补,导致破坏免疫平衡,引起身体其他异常病变。即使真的是免疫力低下,大部分儿童也不需要大量药物治疗,只要平时加强营养均衡,坚持运动,这些情况都可以得到明显的改善。

❋   ❋   ❋

壮壮一看就比同年龄的孩子长得结实,很少生病,身高也比同年龄孩子高。壮壮妈妈说,这主要是因为妈妈帮壮壮养成了很好的生活习惯。

一、不挑食。在壮壮很小的时候,妈妈就为壮壮准备了一副专属的碗筷,并且坚决不用口对口的方式喂壮壮吃饭。小孩子都喜欢漂亮的东西,有了自己专属的漂亮餐具,壮壮每餐也能多吃点。

二、多运动。天气好的时候,妈妈常常带着壮壮到户外活动,玩球、游泳、跑步等等,多晒太阳。但是到了流行病严重的季节,妈妈就尽量少带壮壮出游,特别是人多的公共场所,像超市、电影院等最好不要去。

三、增减衣服要适量。壮壮总有挥洒不完的精力,这个时候妈妈就很注意及时为孩子增减衣服。如果汗水浸湿衣服,就用毛巾垫一下背,先把汗吸干,防止感冒,或者干脆帮孩子换一套干净衣服。

四、多喝水。妈妈总是告诉壮壮要多喝水,因为多喝水可以保持黏膜湿润,而黏膜就是抵御细菌的重要防线。

五、保持充足睡眠。妈妈为壮壮制订了严格的作息时间表,把壮壮的睡眠时间保持在九小时左右。小孩子需要的正常睡眠时间是八至十小时,睡眠不足的话会让体内负责对付病毒和肿瘤的T细胞数量减少,生病的几率就会随之增加。

六、适当使用空调。夏天的时候天气很热，但是妈妈没有因为太热，就把空调温度调得很低，而是把温度调节在26摄氏度左右，以免室内和室外温度相差太大，一进一出就容易生病。妈妈在使用空调的过程中，还经常把窗户打开来换气，确保有新鲜空气进来。

七、适当补充人体必需的元素。妈妈在打理壮壮饮食的时候非常用心，很注意补充必需脂肪酸EFAs，因为它对免疫细胞非常重要。鲑鱼、鲱鱼、沙丁鱼等深海鱼，核桃、杏仁等坚果，亚麻仁油、葵花油、红花籽油内都含有EFAs，但亚麻仁油不宜高温，最好直接加在烹煮好的食物中食用。

写给家长

身体是未来的本钱，是一切的根本，所以妈妈们一定要帮助孩子把身体变得强壮，才有好好生活下去的依靠。

13. 保护孩子的灵魂之窗——眼睛

读小学的小艾发现自己的视力一天不如一天，看东西愈来愈模糊。她每次上学都会经过一间卖衣服的商店，一天，她发现一个男孩站在商店前面看着她，因为近视，她看不清楚男孩长什么样子。第一天如此，第二天也是，接连一周，她发现每次经过商店的时候，男孩都会站在那里看着她。"难道他喜欢我？"小艾忐忑不安地想。于是，每次经过男孩的时候，小艾都脸红心跳。

终于有一天，小艾把眼睛近视的事情告诉妈妈，妈妈为她配了一副眼镜。上学的路上，快经过商店时，小艾的心怦怦跳，"马上就要看到他了！"

小艾心想,现在终于可以看清楚他长什么样子了。在紧张不安中,小艾终于来到了商店前;仔细一看,原来每次路过时让她脸红心跳的,是摆在橱窗里的模特儿。

由此可知,保护视力的重要性不言而喻。眼睛是心灵的窗户,人们透过眼睛去感触、认知和了解这个社会,它也是我们学习和工作的重要工具;近视不仅会影响日常生活,还不能从事警察、飞行员等某些职业,直接影响孩子的前途。其实,近视极少部分属于先天遗传,大部分都是后天造成的。由于从小学起,孩子大部分的时间要看书写字,因此保护眼睛,也要从小开始。

罗明明放学后回家,看见爸爸躺在沙发上看书,他也拿出一本书躺在沙发上看,妈妈看到了,马上阻止他。可是明明理直气壮地说:"爸爸都可以躺着看书,我为什么不可以?"

写给家长

小孩看见大人做什么,往往都会模仿。众所周知,躺着看书光线不好,眼睛要随着光线的明暗不断调节，不一会儿就会感觉疲劳；而且，躺着看书往往会歪着头，两只眼睛和书本的距离不一样，很容易造成斜视。

正确的看书方法是坐姿，身体最好坐直，书本与孩子眼睛的最佳距离是33厘米，不能太近或趴在桌子上看书、写字。否则时间久了，不仅影响视力，还容易驼背。

❈　　　❈　　　❈

小清源读小学四年级，近来，他发现看黑板上的字时总有个影子，看其他东西也模模糊糊。妈妈知道以后，采取了一系列的措施。首先是督促他认真做眼保健操，限制他看电视节目的距离和时间，然后把他现在用的白色光源台灯换掉，换成温和不刺眼的黄色光源，并把台灯放在书桌的左手边。妈妈选择周末和小清源一起出去郊游，登高望远，并且烧一些对改善视力有益的食物给他吃。过了一段时间，小清源发现黑板上的字看得清楚了，终于告别了模糊不清的世界。

写给家长

当孩子出现近视症状，妈妈不能只看表面的现象，也有可能是假性近视；这时，可以通过物理方法有效恢复视力。眼保健操绝对是保护视力的好方法，但是很多孩子不认真做，妈妈一定要严格监督。

电视是了解信息的方法，可以适度地让孩子看，但是最好让孩子收看知识性和兴趣性强的节目，让孩子坐在屏幕中间，离屏幕尺寸6至8倍的距离，收看的时候最好开大灯，避免眼睛劳累。

此外，在强调孩子用眼习惯的同时，饮食也对视力有帮助。如富含维生素A的胡萝卜、菠菜、花生、西红柿等，富含维生素B_1、B_2的各种蔬菜、豆制品、瘦肉和海鲜，还有含钙丰富的牛奶、鸡蛋等。

当发现孩子近视的时候，不要马上就去配眼镜，先确定是否是真性近视；此外，配眼镜前一定要验光，确定真正的近视度数。

❈　　　❈　　　❈

小莉近视有一段时间了，父母想了很多办法帮她恢复视力，可是都不见成效。一次，父母看见一个"OK镜"的广告，说只要坚持佩戴，就可以使视力恢复。小莉的父母马上买下，可是三个月过后，小莉不仅没有像配镜师说的那样"三个月就让视力恢复到1.0"，反而因为眼角膜严重溃疡住进了医院；病情虽然稳定了，但要恢复视力，必须进行角膜移植。

写给家长

可怜天下父母心，每一个父母都想给孩子一个最美丽、最明亮的世界。然而，家长毕竟不是眼科专家，在这关系着孩子人生旅途光明与黑暗的大事上，一定要慎重。治疗近视，还是找大医院的医生、专家比较好。

14. 定期体检，为健康保险

小伟六岁了，身高比其他同年龄的小朋友都要矮，妈妈非常担心，便去幼儿园询问保健老师，老师建议妈妈带小伟去医院做检查。

检查单上除了一般的身高、体重、血压、脉搏、五官等检查，还有生长发育评估、心理评估、注意力评估、气质评估、体质测试等检查。

检查结果显示小伟一切正常，没有发育迟缓的迹象，妈妈这才松了一口气。不过，医生建议每年都带孩子来做一次健康检查，建立一份健康档案，了解孩子的发育状况。

拥有一个强壮的体格、聪慧、快乐的孩子是妈妈最大的心愿，但是很多妈妈却很少带孩子做定期的体检；孩子多高了，有没有疾病隐忧，如何保障孩子的健康，许多妈妈一无所知。通过定期体检，才能对孩子及早进行健康预防或疾病矫治，保证孩子健康成长。

所以，有远见的父母不妨现在就行动，自己动手为孩子建立一份跟随他成长的"健康档案"，与其让孩子先病后治，还不如未病预防。

小阳的妈妈逛超市的时候遇到了拉拉的妈妈，谈起老师请家长带孩子去体检的事。

拉拉的妈妈问："你打算什么时候带小阳去体检呢？"

"你看，我家小阳长这么高、这么壮，身体很好，哪里需要检查？"小阳的妈妈不以为然。

"话可不能这么说，有些病是看不出来的，必须要检查。"

"小阳他每顿都吃两大碗饭，鸡鸭鱼肉，哪一顿少过？睡眠也好得不得了，每天睡足十个小时，精神十足，根本就不会生病。"

"我们拉拉平时身体也很好，没想到昨天去医院检查，才发现她有轻度的脊柱侧弯。"

"脊柱侧弯？那是什么病啊？"

"脊柱侧弯会影响骨骼的正常发育，现在发现还可以用药物治疗，如果发现得晚，非得开刀动手术不可，孩子有多受罪呀！"

"哎呀，真是看不出会这么严重，我还是带小阳去检查一下。"

写给家长

孩子在不断成长发育中，年龄愈小发育愈快，因此出现的问题也就愈多。有些问题即使已经出现，但家长往往没有发现，因此妈妈们不能凭"经验主义"去判断孩子是否健康，而是应该定期带孩子到医院做全身的健康检查。如果认为孩子吃得好、睡得好身体就没有问题，而忽略了身体潜在的疾病，就会延误孩子的正常发育。

❋　　　❋　　　❋

爱爱在三岁以前，都只在打预防针的时候量身高体重，并没有实质上的体检。

爱爱该上小学了，妈妈带着爱爱去做了一次全身健康检查，检查结果让爱爱妈妈吓了一跳，结果显示爱爱体内的铅超标、镁缺乏。医生并没有开药，只是让妈妈多加注意爱爱的饮食。

妈妈回家上网查询发现，原来缺乏镁是很严重的事情，会引起孩子烦躁、易怒、身材矮小、智力发育缓慢。引起镁缺乏的原因很多，有挑食、厌食、长期腹泻、呕吐等，看来爱爱完全是由于挑食、厌食引起的镁缺乏。不过也有很多食品中含有镁，比如花生、菠菜、瓜子、橘子等等，幸好这些食物里面有爱爱比较喜欢吃的食品，补起来应该没有问题。

至于铅含量超标，妈妈和医生讨论了很久，才知道是环境的原因。原来爱爱一家住在车站的楼上，每天都接触汽车废气，因此爱爱身体里的铅含量超标；这件事让妈妈最后做出搬家的决定。

写给家长

人没有生病的时候，往往不会意识到其严重性，疾病在人体内是一个由小变大、慢慢累积的过程。在疾病初期，常常有隐蔽性而让人不容易察觉，如果有了科学的检查、定期的提醒，来唤醒生活中的使命感，对自己、对孩子、对整个家庭都是大有裨益的。

Part 3
第三章
让学习成为另一种玩耍

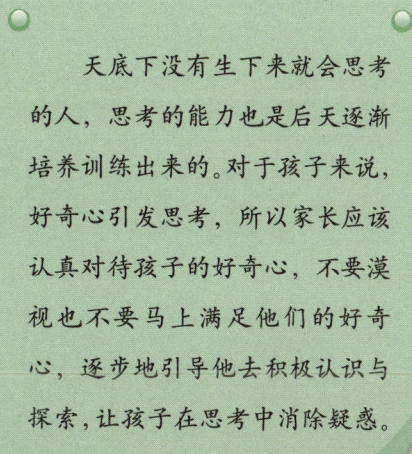

> 天底下没有生下来就会思考的人，思考的能力也是后天逐渐培养训练出来的。对于孩子来说，好奇心引发思考，所以家长应该认真对待孩子的好奇心，不要漠视也不要马上满足他们的好奇心，逐步地引导他去积极认识与探索，让孩子在思考中消除疑惑。

15. 脑力激荡，教孩子科学用脑

自从小树开始上学以后，妈妈就把他的日程表排得满满的。平时早上七点就要出门，下午五点才能回家，然后做作业、复习功课一直到晚上九十点；周六和周日还要去上书法、英语和绘画课。为了让小树专心学习，妈妈买了一大堆补脑的营养品给他，督促他每天吃，什么家务事都不让他做，每天的任务就是学习。渐渐的，小树开始精神不济，对什么事都提不起兴趣，连上课也无法集中注意力，妈妈带他到医院检查，才知道小树大脑负担过重，出现了成年人才有的疲劳症候群。

大量而长期的学习，会使大脑长期处于过度兴奋状态，久而久之，脑细胞的功能就会发生改变。严重的会使孩子觉得疲倦，降低孩子的注意力，使孩子的学习能力减退，对学习失去兴趣，甚至会产生恐惧情绪。

心理学研究显示，连续用脑30分钟，血糖浓度在120毫克以上，这时大脑反应快、记忆力强；如果连续用脑120分钟，血糖就会降到60毫克，反应变得迟钝、思考能力较差。因此，孩子一次做功课或看书学习的时间，不宜超过1个小时。

为了让毛毛有好的成绩，妈妈不仅为毛毛请家教，还买了很多练习题册让毛毛做，不做完就不能睡觉。

为了完成老师和妈妈规定的作业，毛毛常常要做到凌晨一点；因为太晚睡觉，毛毛白天就一直打瞌睡，跟不上老师讲课的速度，一连几次考试成绩都往下掉。

妈妈和老师沟通以后才知道，原来是因为睡眠不足，用脑过度，导致毛毛成绩不佳，精神状态不好。

妈妈不再买练习卷让毛毛做，只要他完成老师规定的作业，就让他上床睡觉。没过多久，毛毛的成绩又恢复到以往的水平。

写给家长

睡眠是大脑主要的休息方式，也是生理健康的需要，要让孩子适度的用脑，就应该让孩子保持充分的睡眠。因此妈妈们应安排好孩子的睡眠时间，使孩子睡得好、睡得足，睡眠时间每天应不少于九至十个小时。

❋　　　❋　　　❋

为了晨晨上学，妈妈专门去上了一堂营养课，为晨晨规划了详细的菜单。

早晨是牛奶、鸡蛋和面包；中午、晚上都是米饭、鱼、肉、蔬菜；吃晚饭前还要喝一杯豆浆，饭后一定要吃水果。

但是妈妈的菜单却常被晨晨破坏。早上为了多睡一会儿，晨晨牺牲了早餐的时间，喝一口牛奶，咬一口面包就跑了，或者拿着鸡蛋边走边吃；有时候他甚至一口都不吃就去上学，上了两节课肚子就饿了。

肚子一饿，晨晨就只盼望着快点放学好回家吃饭，至于老师讲的是什么，他是左耳进，右耳出。

好不容易熬到放学，因为没吃早餐，中午就吃得特别多，睡午觉就觉得肚子胀，妈妈拿消胀气的药给晨晨吃，结果还是不舒服。

写给家长

人的大脑在工作时，要消耗大量的氧气和其他营养，所以为了保持大脑的功能，妈妈要从孩子的饮食上着手，通过营养均衡的食物，增加大脑的能量。日常饮食中除了必要的主食外，每餐要有一定比例的鸡蛋、鱼、肉、豆制品和新鲜的蔬菜及水果，特别是早餐一定要吃，否则会影响身体健康，也会妨碍大脑摄取足够的营养。

❋　　　❋　　　❋

"滴铃铃"，早上五点的时候，闹钟响了，漫漫起床开始背课文。清脆的声音在清晨显得格外清晰。

小茶就住在漫漫隔壁，小茶妈妈看见漫漫房间的灯早上五点就亮了，便问漫漫的妈妈："你家漫漫怎么早上五点钟就起床了？学习别太拼命呢！"

漫漫妈妈反问："小茶晚上几点钟睡觉呢？"

"十一点。"

"漫漫晚上九点半就睡觉了，她说她早上头脑清楚，学习效率高，所以就把时间挪到早上。"

"是吗？我家小茶刚好相反，她要到晚上九点以后才开始学习，她说那时才安静，没人影响她。"

写给家长

每个孩子一天之中都有一个"最佳用脑时间"，有的孩子早晨头脑灵敏，记忆力最好，被称为"百灵鸟型"；有的孩子却是晚上头脑清醒，学习状态最佳，就是所谓的"猫头鹰型"。妈妈应该充分了解孩子是"百灵鸟"还是"猫头鹰"，然后让他在"最佳用脑时间"里学习，往往可以事半功倍。

16. 想象力是个脆弱的宝

有个老师在一张纸上画了一个大大的圆圈，并且把这张纸先后拿到大学和幼儿园。

这位老师指着这个圆圈问大学生："这是什么？"

大学生们想了很久，说："可能是零。"

老师又来到幼儿园，问小朋友同样的问题。

孩子们争先恐后地回答："是太阳""是篮球""是烧饼""是西瓜""是圆圆的眼睛""是老师脸上的酒窝"。

让大学生回答，他们可能少了这些天真烂漫的想象。我们能理解，并不是大学生不聪明，大学生具有的聪明才智当然是小朋友比不上的，但是从另一个角度来说，我们要重视的却应该是想象力的开发。

教育专家认为，想象力是一种可贵的智力因素。善于想象的学生精力旺盛，经常保持着一种上进的心态，因为在他们的心里，生活是美好的，世界是美好的，社会也是美好的。在此同时，想象力又是稍纵即逝的，如果不加以引导、开发，孩子就会缺少一些智能的火花；也许正是这一点火花的碰撞，孩子的人生就会不一样。

妈妈要鼓励、启发、引导孩子们去想象，因为这一分童真是孩子们追求未来、蕴藏无穷的力量。

六岁的玲玲指着"秋"字问妈妈，这个字怎么念？

妈妈没有回答她，只拿出一本字典，教她怎么查到"秋"字。当玲玲自己在字典里查到"秋"字时，兴奋地叫着："妈妈，我查到了，这个字念秋，秋天的秋。"

妈妈接着问："那你知道秋天有什么吗？"

玲玲说："秋天时树会开始掉叶子。"

"掉落的树叶是什么颜色的？"妈妈问。

"树叶是黄色的，风一吹，就从树上掉下来了。"玲玲边说边用手比划着。

妈妈又问："那秋天跟春天有什么不一样呢？"

"秋天更冷,我得穿上毛衣,春天时妈妈带我到公园里玩,有好多漂亮的花。"

就这样,妈妈和玲玲从秋天谈到春天,再从夏天谈到冬天。

两个小时过去了,玲玲还是很兴奋。试想,如果当时玲玲来问"秋"字,妈妈马上告诉她,这个字念"秋",孩子也许马上就跑开了。

写给家长

一个曾在中国和美国分别做过多年教育研究的专家说:"论聪明,美国孩子也许不一定比得上中国孩子,但中国孩子缺少的是想象力和创造力。"

每个孩子天生就有非凡的想象力和学习能力,但大多数的教育模式,却把孩子通往想象和创造的大门关闭了。无论学习还是生活,都应该培养孩子的想象力和创造力,在一种自然而又有趣的状态下学习,而不是强迫和代替。

❀ ❀ ❀

德国诗人歌德小时候,他的母亲几乎每天都讲故事给他听,但是母亲讲的故事从来都没有结局。前一天讲完,母亲就不再说下面的故事,而是让歌德自己想下面的情节,通过母子俩的合作来完成每一个故事。

在这样的特殊家庭教育气氛中,歌德的想象力才得以激发,这些从小积累的丰富的创作想象力为他开启了想象力之门,进而成为一位世界级的伟大诗人。

写给家长

人类如果没有了想象,就会停滞不前;孩子如果没有了想象,就会变成教育的机器。想象力是人脑本身具有的一种机能,能够有效地激发孩子的智力开发。如果妈妈努力引导孩子，遇到事情多展开想象的空间，将有利于促进他的智力发展和身心健康成长。妈妈讲故事给孩子听，可以说不完整的故事，开启孩子的想象力，然后引导孩子按照一个特定的主题编故事。记住，每个故事都没有特定的结局。

孩子在听故事的过程中，大脑会特别活跃，他得到的是语言信息，反馈到大脑里不断产生故事情节、人物和场景。对于故事的结果，或许满意，或许不满意，不满意可以自己创造出一个新的结果，让想象力的翅膀飞起来。让孩子参与编故事，而不是单纯地接受故事，更有利于培养孩子的想象创造力。

❋　　　　❋　　　　❋

文文有两个好朋友美美和凡凡，他们最喜欢的游戏就是"扮家家酒"。

文文喜欢抱一个洋娃娃在怀里，她是洋娃娃的"妈妈"，美美总是用小碗、小盘子、小筷子做"一家人"的饭菜，而凡凡坐在小木凳上到处跑，小木凳是他的马，他手里的柳枝是他的手枪，他负责保护文文和美美的安全。

后来，愈来愈多的小朋友加入他们这个大家庭，拿一根小棍的是医生，戴副眼镜的是老师，坐在小凳子上的是司机。

放学回家，文文怎么都不肯把洋娃娃放下来，她对妈妈说："娃娃生病了，医生说要一直抱着她。"

妈妈对文文说："文文生病的时候，妈妈都是把你放在床上，娃娃生病了，你这样一直抱着她会不舒服，我们让她躺在床上好不好？"

文文点点头，把娃娃放在自己的小床上，并帮它盖上被子。

写给家长

游戏是孩子的主要活动，在游戏中，孩子的想象力能够得到很大的发展。我们常常可以看到孩子很投入地扮演游戏中的角色，有模有样，抑扬顿挫；在当下他们完全忘记了自己，而沉浸在妈妈、司机的角色中。因此，孩子的游戏玩得愈好，想象力的发展也愈好，父母应该尊重和支持孩子玩游戏，不要轻易打扰。

在游戏的过程中，孩子可以充分发挥他们模仿、观察、联想、行动、创造等多方面的能力，并通过游戏扩大知识面，培养多种爱好，完善个性发展，开启孩子不同的思路。

17. 重视方位知觉能力

妈妈和婷婷站在车站准备坐9路公交车回家。远远的开来一辆6路公交车，婷婷就拉着妈妈的手，大叫："妈妈，9路公交车来了。"婷婷很喜欢辨认数字，能认得大部分的数字，就是分不清楚6和9。只要出现6和9，她就会经常说错，把6当成9，或者把9说成6。妈妈说："6和9是对姐妹，6是妹妹，头上还扎了个小辫子；9是姐姐，穿了一条小裙子。"问婷婷记住了吗？她总是点头，可是等一会儿再问她，婷婷还是会搞错。

人的空间感主要是后天形成的，凭借视、听、嗅、动、触、平衡等多种感觉，配合活动来实现。研究发现，孩子从三岁开始，逐渐能辨别上下、前后和左右；实验证明，方向感强的孩子做事情有计划、有条理、有秩序。方向感就像航向，能指导整个行为的目标和确定性，因此方向感的培养与训练非常重要，能提高孩子的逻辑思考能力，以及今后在学习和生活中的空间和推理能力。所以能否培养孩子的方位知觉，对孩子的全面发展有极重要的意义。

妈妈买了一件漂亮的新衣服给小薇，小薇迫不及待地穿上衣服，在镜子前面照起来。妈妈笑着说："一家五口人，各有各的门，谁要走错门，活

活笑死人。"

听见这个熟悉的谜语，小薇马上反应过来，低头开始检查自己的纽扣，她不好意思地说："是我扣错扣子了。"妈妈指着自己衣服上的扣子对小薇说："你看妈妈的衣服上也有5颗扣子，这5颗扣子分别住在5个楼，我们从1楼开始扣，然后扣2楼、3楼、4楼，最后才是5楼；或者从5楼倒着扣，然后4楼、3楼、2楼，最后是1楼。我们一楼一楼按照顺序扣，就不会出差错了。"

写给家长

人的方位知觉是后天形成的，是后天生活和实践的结果。孩子虽然能够理解方位，但他们还是会经常出错，因此精确的示范有助于孩子正确辨别空间方位。妈妈也可以经常提醒孩子，辨别方位首先要确定参考物，比如书桌在地板的上面，而吊灯又在书桌的上面，物体到底在哪个方位，则要看所选择的参考物。

向雅刚满七岁，可是方向感还不是很好。

妈妈在吃饭的时候就常问向雅，哪只手端碗，哪只手拿筷子，平时哪些事要用到右手。向雅要妈妈陪她一起玩游戏，妈妈就把向雅平时熟悉的玩具一一摆好，中间放一个透明的盒子，盒子里面放一辆玩具汽车，盒子上面放一个储蓄罐，又把手套放在盒子的左边，把图画书放在手套的后面。然后问向雅："汽车在哪里？"

"盒子里面。"

"储蓄罐在哪里？"

"盒子的上面。"

"手套在哪里？"

"盒子的左边。"

"那图画书在盒子的哪里？"

向雅看看图画书，又看看手套，再看看盒子，就是说不清楚。

写给家长

孩子最初体会方位知觉，主要是靠动觉和触觉的帮助，只有通过实际的走路和触摸，才能辨别物体的方位。而孩子的思考方式主要是形象思考，只有通过实际经验的累积，才能形成正确的空间概念。所以家长应该为孩子提供各种实践机会，循序渐进地辨识物体方向。

周末时，妈妈带着小磊到郊外玩，随身带了一桶小磊的玩具，他们要玩"捉迷藏"。

小磊先蒙着眼睛，妈妈把玩具一个一个藏好后，就提示小磊去找藏好的玩具。比如说，玩具枪在石头后面，小火车在椅子下面，飞盘藏在路牌的旁边。

小磊把所有的玩具都找了出来，就只差飞盘，因为他不知道路牌在哪里。妈妈又提示他说："路牌在那棵老槐树的左边，我们从这里一直往前走的第二个路口，向右转就可以看见老槐树，在那个路口还有一个小商店，你听明白了吗？快去把飞盘找出来吧！"

三分钟以后，小磊拿着飞盘，边跑边说："妈妈，我找到飞盘了，现在该你来找，我来藏了。"

写给家长

由于受到孩子身心发展和认知水平的局限，妈妈在训练孩子方位知觉的时候，应经把抽象的方位名词和具体的事物联系起来，让孩子凭着直觉具体的理解方位。妈妈也可以在活动中设计一些小游戏，在游戏中有意识地训练孩子辨别空间方位，以提高孩子的方位知觉能力。

18. 抽象思考和逻辑思考能力，要从小学起

君君刚上小学，这天，数学老师教了圆形和长方形。

妈妈问君君："你知道圆形、长方形是什么样子吗？"

"嗯，圆形就是圆圆的，像太阳……"君君边说边比划，就是表达不出来。

"那么君君看家里哪些东西是圆形，哪些东西是长方形的呢？"妈妈开始提示君君。

君君在屋子里转了一圈，说："碗、锅、勺子、茶叶罐是圆的；桌子、漫

画书、床、电视柜、计算机和相框都是长方形的。"

"那君君看家里有哪些东西既是圆形又是长方形的吗？"

君君眼睛骨碌一转，大声说道："我知道，天花板的吊灯，还有妈妈煮东西的燃气灶。"

人类逻辑思考发展的趋势是：从具体形象思考到抽象逻辑思考。因此想要孩子聪明、更胜人一筹，就必须将孩子小时候经常运用的具体形象思考，引导到更抽象的逻辑能力上，这才是孩子今后智力结构的核心，是孩子今后完成小学、中学甚至大学课程的关键。

萌萌已经会念1、2、3、4，可是算数的时候老是要扳着指头数，于是妈妈准备了一个方法，教她算数。首先，妈妈把萌萌最喜欢吃的蝴蝶饼干拿出来，倒了五块在盘子里，她又在纸上画了很多五颜六色的花，问萌萌："萌萌看看妈妈画的是什么呀？"

萌萌瞧了一瞧，说："是我们楼下的花园。"

妈妈点点头，把五块蝴蝶饼干放在画上，又问萌萌："那你数一数，花上面有多少只蝴蝶在采蜜？"

萌萌数了数，只有5只蝴蝶。

这时妈妈拿走了两块蝴蝶饼干，问萌萌："那么现在还剩下几只蝴蝶呢？"

萌萌也很快回答："3只。"

"最开始有5只蝴蝶，突然飞走了2只，就剩下……"妈妈还没说完，萌萌就抢着回答："5减2等于3。我还知道，动物园里本来有2只狮子，又来了3只大象，一共有5只动物。"

写给家长

从具体、感性的生活到抽象的概念，对于概念尚不健全的小孩子是件非常困难的事情，但所谓"书读百遍，其义自现"，只要妈妈不厌其烦地举例、尝试，打通这个关卡，要掌握这个方法其实是很容易的。父母可以先从小孩子感兴趣的事物出发，逐步导向抽象概念，你会发现孩子的思考能力是多么惊人。

妈妈要注意，**培养孩子的抽象思考能力要从具体事物开始，最后还是得回到具体事物中**。要知道孩子是否掌握了抽象逻辑思考，只要看他是否能灵活运用这些抽象规律，把它再还原到具体的事物中。

❈　　　　❈　　　　❈

雅雅很喜欢和妈妈用一把椅子、一个矮板凳和一个玩具小熊玩游戏。

妈妈说："小熊到森林觅食累了，想坐到椅子上去休息，你能帮助它吗？"雅雅把小熊放在椅子上。

妈妈又说："突然来了只老虎，小熊不想受干扰，躲在椅子后面。"雅雅连忙把小熊拿下来，表情很紧张。

就这样，雅雅随着妈妈的故事做不同的动作。"老虎走了，小熊想去练习爬树，好，连爬了6棵树，真有趣！""小熊还是学不会爬树，累了，到椅子下面打瞌睡""呼噜噜、呼噜噜……"

"小熊的肚子饿了，它想看看，像矮板凳一样的树干角落里是不是有吃的东西，雅雅带它到每一个角落找一找，你能告诉妈妈，矮板凳有几个角吗？1、2、3、4，四个角，对吗？对的！噢，在最后一个角落里居然有一块巧克力，快让小熊吃饱。雅雅真能干，小熊要做的，雅雅都帮它做到了，妈妈代表小熊感谢雅雅。"

写给家长

孩子一天天长大，开始对周围的环境进行探索，但却缺乏引导和系统性。抽象思考能力的培养，就要靠妈妈在游戏中潜移默化正确判断空间方位的方法，只有掌握恰当的词汇，才能灵活运用在日常生活中。

❋　　　❋　　　❋

星期六的早晨，妈妈把慧慧从被窝里拉起来，对她说："慧慧，今天我们要做很多事，你帮妈妈想想，哪些事情要先做，哪些事要后做？"

慧慧点点头，妈妈接着问："我们起床后是先穿鞋子，还是先穿袜子呢？"

"肯定要先穿袜子，鞋子是套在袜子外面的。"慧慧觉得妈妈的问题太简单了。

"那我们没有挤牙膏就可以刷牙吗？"妈妈继续问。

"不可以，没有牙膏就刷不了牙。"

"那么有一位小朋友先大便，然后再脱裤子，行吗？"

慧慧咯咯笑："不可以，这样就把大便拉在裤子里，臭死了。"

妈妈又问："妈妈出生了以后小阿姨才出生，那妈妈和小阿姨哪一个年纪比较大呢？"

"妈妈出生以后小阿姨才出生，"慧慧开始分析，"我出生以后堂弟才出生，我比堂弟大，那应该是妈妈大。"

写给家长

孩子要体会、掌握比较抽象的词汇，需要长时间的努力，特别是一些没有实际意义的介词、连接词、副词、感叹词等。这时，妈妈要在行动中当个"唠叨客"，在做动作的时候有意识的念出来，并运用恰当的介词、连接词、副词和感叹词，并在不同的场景中不停地重复运用。时间一久，孩子就会在具体的生活中慢慢体会这些词汇的意义，渐渐地他们就会用来造句了！

19. 明辨是非，让孩子学会独立思考

有"数学王子"之称的德国数学家高斯（C.F.Gauss）是一个非常善于思考的人，这种良好的思考习惯在他很小的时候就已经显现出来了。

高斯十岁的时候，有一次数学老师出了一道习题，"1+2+3+4+…+100=？"看看全班谁能在最短的时间内把正确答案算出来。

当大家都开始埋头在草稿纸上演算时，只有高斯没有动手，他托着脑袋，陷入了冥想。突然，高斯皱着的眉头解开了，老师走过来问，怎么了，为什么还不开始计算。

高斯说他已经知道答案了，是5050。老师十分诧异，问他之前是否做过这道题目，高斯摇摇头说，他通过观察发现，这一组数中1加100等于101、2加99等于101，而这样的算式一共有50个，所以这道题目可以简化成"101×50=5050"。

物理学家爱因斯坦（Albert Einstein）说："学会独立思考和独立判断比获得知识更重要。"但是现在许多家长却忽视了独立思考的重要性，他们把孩子身边所有事物都安排得滴水不漏，从来不肯放手让孩子自己独立去想办法、解决和处理，长久下来就会扼杀孩子的思考以及解决问题的能力。

因此，父母要培养孩子独立思考的习惯，循序渐进地引导孩子认知世界，体验人生，才能让孩子思考自己的未来。

美国有一个电视节目叫《孩子说出令人意外的创意》。

有一次，主持人问一个七八岁的女孩："你的理想是什么？"

女孩回答："当总统。"

全场哗然，主持人又问："那你觉得为什么美国至今没有女总统？"

“因为男人不投票给她。”

“那么现场有支持她的男人吗？请举手。”

伴随着笑声，有不少男人举起手。

女孩淡淡地说：“还不到三分之一。”

主持人故作严肃地说：“请在场的所有男人把手举起来。”言下之意，不举手就不是男人，所以男人们的手一片林立。主持人洋洋得意地说：“怎么样？‘总统女士’，这回可是有三分之二的男人投你的票。”

大家都想，这下子女孩应该无言以对了吧！谁知她轻蔑笑笑，说：“投票不是他们心里所愿，他们不诚实。”

沸腾的场面突然安静下来，随后是一片掌声，一片惊叹。

写给家长

不会独立思考的孩子，就没有独立的人格，终将被人云亦云所埋没。要培养孩子独立思考的能力，就要提供一些机会给孩子，让他们自己去思考、去感觉：什么是对，什么是错；什么应该做，什么不应该做。

※　※　※

锐锐和妈妈坐在餐桌上吃早餐，早餐很丰富，牛奶、面包，还有油条、豆浆。

锐锐突然问：“妈妈知道吗？为什么牛奶不能长时间在微波炉里加热？”

“我当然知道啊，难道锐锐也知道？”

“因为温度太高的话，牛奶的营养就会被破坏掉。”锐锐得意地回答。

“你觉得牛奶面包和豆浆油条比，哪一个比较营养？”这次换妈妈问锐锐。

“牛奶面包。”

“为什么豆浆油条不好？”

"油条吃多了不好。"

"为什么油条不能吃太多？"

"因为油条里有一种物质，吃多了对身体有害处。"

"是不是所有油炸食品里都有这种物质呢？"

锐锐先摇头，又点头。

"那么，所有油炸食品吃多了都不好喽？"妈妈顺着锐锐的思路说。

"嗯！"锐锐说："鸡腿、薯条都要少吃。"

妈妈笑了："那你知道这种有害物质是什么吗？"

锐锐摇摇头："那妈妈知道是什么吗？"

"妈妈对这件事也不太清楚，锐锐自己去查一查，然后再告诉妈妈。"

"好！"锐锐被妈妈勾起了好奇心，他已经迫不及待地想要去寻找答案了。

写给家长

人的思考能力是后天逐渐培养训练出来的。对于孩子来说，好奇心引发思考，所以家长应该认真对待孩子的好奇心，不要漠视也不要马上满足他们的好奇心，逐步地引导他去积极认识与探索，让他们在思考中解决疑惑。

父母要学会利用一切可以利用的资源，随时随地给孩子提问题，并且和孩子一起讨论，进而让孩子主动提出问题、思考问题、解决问题。

❋ ❋ ❋

吃晚饭之前，妈妈把小海从房间里叫出来，说要和他商量一件事。妈妈郑重的表情让小海很奇怪，心想妈妈不知道有什么重要的事情要和自己商量。

"小海，家里想添一台微波炉，你觉得怎么样？"妈妈问。

小海很诧异，这类家务事通常都是妈妈决定的。不过，既然妈妈今天

问他，就要好好说，因为他想要微波炉已经很久了。

"我觉得微波炉很好，很方便，同学都说，用微波炉煮饭只要十分钟，而且功能也很强。"

"可是妈妈觉得微波炉辐射较大，也比较耗电。"

"是比较耗电，但是时间短，爸爸经常加班，以后你用微波炉热饭给他吃该有多方便啊！"

"嗯！"妈妈点点头，"既然你和爸爸都觉得要买，那就买吧，少数服从多数。"

小海心里乐开怀，他最爱的烤鸡翅，终于可以在家自己动手做了。

写给家长

孩子做事缺乏主见，通常是因为家长缺乏和孩子沟通，与不尊重他们的要求有关。因此，家长应该尽可能多创造让孩子思考的环境，对涉及孩子的事情不要全部包办，让孩子有充分表达自己愿望，以及独立思考的机会。哪怕是做家务、添置物品等日常琐事，也可以让他充分表达自己的看法。如果在这个过程中，家长采纳了孩子的建议和意见，那他今后会更乐意参与、思考。

20. 让孩子知道自己能具有一目十行的记忆力

曾经有科学家做一个实验：挑选一位记忆力中等的学生，让他每星期接受三至五天、每天一个小时的数字训练，训练的内容是背诵由三个至四个数字组成的数字。每次训练前，如果他能一字不差的背诵前次所记的数字，就让他再增加一组数字。

经过20多个月共230个小时的训练，这个学生从最初能熟记七组数字，到最后能记忆80组互不相关的数字，而且在每次练习的时候几乎能记住80%的新数字，使他的记忆力足以和一些记忆专家媲美。

记忆力是智力的主要组成，也是整个智力结构的基础。人类的大脑蕴藏着许多巨大的潜能等待我们开发，孩子的好记性如同从地下喷涌的天然气，如果不好好运用，就会白白浪费掉。

而要发展孩子的记忆力，需要有科学的方法以及持之以恒的态度。记忆力和人的其他能力一样，可以经过后天训练而加强。科学研究显示，七岁至十七岁是人一生中记忆力最好的时候，所以妈妈可以在孩子记忆力最好的年龄，养成科学的记忆方法，使其成为孩子终身受用的本领。

小宝和妈妈一起在纸上画了一只小鸭子，妈妈对小宝说："小宝，我们一起为鸭子画条围巾,你觉得围巾是什么颜色的呢?"

小宝拿起水彩笔,将围巾涂成三块:红色、黄色和蓝色。

"嗯!真漂亮,妈妈再帮围巾加几颗星星。"妈妈边说,边在围巾上用黑色笔画了几颗五角星。

"好,小宝,现在你要仔细看小鸭子的围巾,看它有哪几种颜色,是什么花纹,等一会儿你要记着把它重新画出来,看看小宝记得对不对。"小宝看了一分钟后,妈妈就把画纸遮起来。

"好,现在小宝要重新把小鸭子的围巾画出来,或者小宝来说,妈妈来画。"

小宝指着画纸大声地说:"围巾有红色、黄色、蓝色三种颜色,上面还有黑色的小星星。"

妈妈拿出原来的画纸比对,说:"小宝真棒,记得一点都没错。我们现在再来帮小鸭子画条短围巾怎么样?"

写给家长

孩子观察一件事物,他有兴趣的关注点常常不在架构、轮廓,而是在细节中,这就是孩子为什么经常记住某个人的发夹是什么样子,路边看到小狗身上的花纹是什么形状等的原因。从细节入手,也是训练孩子整体记忆的契机。

❈　　　　❈　　　　❈

在小米过完生日一个月后,妈妈突然问小米:"你还记得你过生日那天,我们买的大蛋糕吗?"

"记得。"小米高兴地说。

"那小米记得蛋糕是什么样子吗?"妈妈问。

"蛋糕是双层的,有巧克力、水果,上面还有两只小熊。"小米记得很清楚。

"那天来参加小米生日聚会的有哪些人,大家一起做了什么?"妈妈又问。

"有爸爸妈妈、爷爷奶奶、外公外婆、妞妞、文文和文文的妈妈。"小米想了一下,继续说:"我们唱了生日歌,吹蜡烛、吃蛋糕、许生日愿望,还一起玩游戏。"

"那小米记不记得家里谁也要过生日?"

"呃?!"小米摇摇头,说不出所以然来。

"妈妈不是前天给你提示,和那个火警是一样的呀?"妈妈表示。

"哦,我知道了!"小米高呼:"是11月9日,舅舅的生日。"

写给家长

成年人需要记住某些东西的时候,会自动反复练习,将事情与具有标志性的特点联系起来以帮助记忆,比如:通过发型和长相特点来区别刚认识的几个人。在这个过程中,逐步将经验转化为语言,就可以使记忆外显;但孩子很难自觉做到让记忆用语言来外显,所以特别需要妈妈的帮助,唤起记忆。

❈ ❈ ❈

妈妈周六带欢欢去动物园,回来后,妈妈要她自己做一本纪念册,里面全部放那天去动物园拍的照片和纪念品。

做了老半天,欢欢的纪念册大功告成,妈妈请欢欢为她讲解一下动物园的情况。

欢欢翻到第一页,上面是她和犀牛的合影,她告诉妈妈:"我最喜欢犀牛,所以去动物园首先就到了犀牛馆。"

"犀牛长什么样子,和其他的动物有什么不一样呢?"妈妈问。

"犀牛很笨重，头很长，尾巴很短，头上还长了一只角。"

"犀牛吃的是什么？"

"犀牛吃草，但是它也吃我扔给它的橘子。"

"那你有没有注意到犀牛的介绍上说了什么？妈妈曾解释给你听过。"

"嗯，上面说犀牛吃草、水果、树叶，还有，好像是小麦。"

"是小麦吗？你仔细想想。"妈妈提示她："我们平时也经常吃，不过不是小麦。"

"我知道了，是米，犀牛还要吃水稻！"

"欢欢说得一点都没错。"妈妈赞许，"下次要跟老师、同学说你去动物园的所见所闻哦！"

写给家长

孩子的记忆力常会有不精确的地方，特别容易受到暗示而扭曲记忆。比如说，当妈妈问今天是爸爸送你到幼儿园去的吗？孩子也许会附和妈妈的问题，回答说是，可是事实却刚好相反；这并不是孩子故意要这么说，而是孩子记忆力发展的正常过程。所以妈妈要帮助孩子建立更多的"实物证据"，全面唤起和构建孩子良好的记忆力。

21. 释放孩子的创造潜能

一年级的课堂正在进行"认识猪"的主题活动。

老师首先提出一个问题："猪的鼻子为什么爱在地上磨来磨去？"

一个孩子说："小猪的鼻子痒了，所以要在地上磨。"

另一个孩子说："小猪的鼻子太大，所以要在地上磨来磨去。"

"不是，"马上就有孩子反驳，"小猪是为了找东西吃。"

"看来大家都有不同的意见，那你们商量一下，最后给我一个统一的答案，到底为什么猪爱把鼻子在地上磨来磨去。"

孩子们随即展开了激烈的讨论。"小猪鼻子痒的话它可以用手去抓，不会在地上磨。"

"小猪的鼻子不大，犀牛的鼻子更大，它都没有在地上磨来磨去。"

"肯定是饿了，你看猪长那么胖，一直都在找东西吃。"

最后大家一致认为，小猪的鼻子在地上磨是为了找东西吃。"小朋友们都说对了。小猪爱在地上磨鼻子，是因为它还没有被人类驯化之前，在山林里找东西吃，必须用鼻子把泥土推开，因此这个习性就一直保留下来。"

"原来是这样啊！"孩子们听得兴致十足。

在孩子的求学期，孩子的求知欲旺盛，对周围的事物表现出强烈的兴趣，在这个时期，若能培养孩子的创造能力，就会获得良好的效果。所以，家长应该为孩子营造一个良好的环境，充分挖掘孩子的创造潜力，让孩子得到最大程度的发展。

电视节目里，小朋友跟着音乐《鲁冰花》在跳舞，电视机前的果果也学着小朋友跳舞。

妈妈对果果说："果果觉得电视里的小朋友跳得好不好看？"

果果想了想，摇摇头。

"果果自己编动作好不好？你看这首歌唱的是什么意思，然后自己发挥，觉得该怎么跳就怎么跳。"

果果真的没有再跟着电视里的小朋友跳舞，一会儿垫步，一会儿踏步，一会儿小跳步，妈妈在一旁帮果果打拍子。

"到过年的时候，果果就跳这个舞给爷爷、奶奶看，好不好？"

"那我可以穿漂亮的裙子吗？还要把脸涂得红红的。"果果问。

写|给|家|长

　　妈妈一定要为孩子创造一个宽松自由的环境，营造一种平等、民主、亲切、和谐的气氛。在这样的气氛中，孩子才敢大胆想、大胆说、大胆做，创造的潜能才能够得到发展。

❋　　　❋　　　❋

　　家里刚买了一条鱼，妈妈问子宣，鱼要怎么吃。
　　"清蒸。"子宣说。
　　"那子宣知不知道鱼除了清蒸，还有什么吃法？"妈妈问。
　　"鱼还可以拿来烧、炸、溜、烤，妈妈，鱼可以干煸吗？"
　　"可以，妈妈下次就做干煸鱼给子宣吃，让你尝尝它的味道。"
　　吃完饭，妈妈拿着茶杯喝茶，突然问子宣："茶杯除了喝茶，还能拿来做什么？"
　　"茶杯的用处可多了，"子宣说："爷爷可以把茶杯拿来养花，我想用它来养金鱼，还可以当爸爸的烟灰缸，妈妈你可以拿来盛饭，每顿吃一杯饭，就不会长胖了。"

写|给|家|长

　　日常生活中每一个事物、每一件小事，都可以信手拈来跟孩子做多角度思考的训练，这种训练看似无心、随意，往往更加事半功倍，既不会让孩子感觉到学习的负担与困难，又能在轻松愉快的气氛中达到训练的目的。培养多角度思考是培养创造能力的前提。在家庭生活中，妈妈要经常引导孩子多角度看待和分析事物，就能逐渐养成多种思路想问题的好习惯。

❋　　　❋　　　❋

妈妈和予涵经常玩一种叫"概念的联结训练"的游戏，由妈妈随意说出两个毫不相干的词语，让儿子找出两者之间的共同点，通过中间相关的环节把两个不相干的概念联系起来。

"发夹和手机，它们有没有什么共同点？"妈妈问予涵。

予涵想了一会儿，说："发夹和手机都是塑料做的。"

"嗯，"妈妈赞许地点点头，又问："那么爸爸和碗之间有什么关系呢？"

予涵歪着脑袋，突然一笑："他们都会冒烟。"

妈妈有些不明白。

"爸爸抽烟的时候会冒烟，碗里盛饭的时候也会冒烟。"

"予涵的想象力很丰富，可是你知道爸爸嘴里冒的烟，和饭碗的烟有什么不一样吗？"

"饭碗里的烟是香的，爸爸嘴里的烟是臭的。妈妈，我们可不可以在爸爸嘴里装一个机器，把他的烟味变得像饭那样香？"

妈妈摸摸予涵的头："当然可以，这个任务就交给予涵啰！"

写给家长

想象力是创造的翅膀。对孩子来说，即使是奇怪的、现实世界无法支撑的想象，也不要盲目去取笑他和打压他。要知道，人类正是有了前辈们无数看似"稀奇古怪"的想象，才有今天快速发展的进步，否则我们还在原始森林里打猎。不论是谁，想象都远比固有的知识更重要，它对孩子一生创造能力的发展有重要意义，所以妈妈应该尽量发掘孩子的想象力，对他们的"天马行空"般的想象，应该给予肯定和赞赏，因为如果没有了翅膀，就没办法飞翔。

22. 点燃特长的星星之火

在冰天雪地的南极,有一个庞大的企鹅王国。

在那里,每一只企鹅都有美妙的歌声,它们要靠歌声来表达心情和寻找伴侣,它们是天生的歌者。

然而,有一只小企鹅却因为不会唱歌而备受歧视;它天生就五音不全,但却有一双灵巧而有力的腿,它是一个天才舞蹈家。

在大家异样的目光中,小企鹅整天踩着舞步,愈来愈多的企鹅在看小企鹅跳舞的时候,忘记了唱歌。

最后小企鹅的"热舞"风潮,传遍了整个寒冷的冰川雪原。而这只小企鹅也成为深受大家欢迎和喜爱的偶像,得到整个企鹅家族的肯定。

这就是电影《快乐的大脚》中小企鹅波波的故事。每个人都有自己擅长的东西,如果加以训练,就能成为专长,让自己在人群里脱颖而出。

现在很多家长都希望孩子能多学一些,却是带着功利、现实的眼光去要求孩子学什么,或者盲目地看到大多数孩子学什么,就要求自己的孩子也学。殊不知,这样揠苗助长的方式不仅浪费时间、金钱,还会磨灭孩子真正的天赋。

所以家长应该擦亮眼睛,去发现孩子的天赋,引导孩子把天赋变成兴趣,并且持之以恒地坚持下去,让孩子无忧无虑地在自己喜爱的天地里翱翔,这样会激发孩子的最大潜能,进而在某一领域取得突出的成就。

小美从四岁开始学舞蹈,到十岁时不得不放弃。小美的妈妈说,女儿这六年来学舞蹈的经历,足以称为一段"辛酸史"。

小美妈妈儿时的梦想就是成为一名舞蹈家,她自然而然把这个未完成的理想,移植到女儿身上;因为她认为学舞蹈可以提升艺术修养和仪态气

质，便建议小美报名舞蹈培训班。

一开始，小美对舞蹈还有点兴趣，但上学后，学习压力加大，便逐渐对舞蹈产生了厌倦。每当妈妈催促女儿练舞时，小美总是表现出烦躁和不满。一次，小美还差一小节音乐没有跳，妈妈就批评女儿不能吃苦，没想到小美竟说："你干脆把我的脚打断算了，我真的不想学了！"

妈妈仔细回想几年来的情形，终于明白：女儿可能真的不适合学舞蹈。

写给家长

现在很多家长在培养孩子专长的时候，并没有真正发现孩子的兴趣，而是根据自己的兴趣或当下的流行。培养孩子的专长必须量身定做，不要盲目跟从，为孩子打造一个兴趣。家长需要有一双善于发现的眼睛，去发现孩子的喜好，唯有保持自己的独特，才更能释放出闪亮的光芒。

羽瑶六岁，妈妈发现她特别喜欢钢琴，只要经过钢琴行，里面有弹钢琴的小朋友，她都会驻足半天。妈妈先带她旁听了几节钢琴课，她回家都能把曲子完整地记下来。

　　在征求女儿的意见后，妈妈正式帮羽瑶报名钢琴课，可是还不到一个星期，羽瑶就变了。以前没有学钢琴的时候，每天回家，她都会坐在钢琴旁边模仿老师的样子边弹边唱；现在正式学习，反而不愿意练习，总是会找各式各样的借口来逃避弹琴。妈妈一逼她的话，羽瑶干脆说她不想弹琴了，如果妈妈在一旁督促羽瑶练琴，她就气冲冲地到钢琴前乱弹一通。

　　妈妈也不敢发脾气，怕羽瑶会因此厌烦钢琴，减少了兴趣，又不知道该怎么办才能让羽瑶像以前那样热爱钢琴。

写给家长

　　培养孩子的兴趣和专长，仅靠孩子一时的兴趣是不够的，还需要培养孩子的意志力和目标。兴趣是美好的，坚持却是件痛苦的事，所以家长一定要陪着孩子一起度过不愉快的时期。有时候不妨和孩子共同协商一个目标，以时间为目标，或以某一首曲子顺利完成为目标，同时配合鼓励措施来提高孩子的积极性。

　　一位父亲在花瓶里插了一束漂亮的金菊，让儿子开始静物写生。

　　儿子非常认真地对着金菊看了很久，开始动笔慢慢画起来。

　　画完了，儿子将画交给父亲。父亲看到的不是金菊，而是一大堆几何图形！儿子红着脸、低着头，准备接受父亲的责骂。

父亲没有责备儿子，而是立即调整对儿子的培养，着重发展孩子的数学专长。

后来，这个孩子以数学为工具进行物理研究，建立了著名的麦克斯韦方程组。他就是十九世纪著名的物理学家詹姆斯·克拉克·麦克斯韦（James Clerk Maxwell）。

写给家长

孔子曾说："因材施教。"由于个体的差异性，不同的孩子天赋不同，对事物的兴趣也有很大的差异。喜欢音乐的孩子，不用刻意教就能准确地唱出每个音符；爱好美术的孩子，报纸、地板、墙壁，到处都是他们的画布；热爱昆虫和小动物的孩子，大自然就是他们最美的乐园。细心的妈妈如果连自己孩子的天赋和兴趣都不了解，就很容易扼杀他们的天赋，让他们走上重复别人、无法成就自己的错误道路，耽误了孩子的一生。

23. 让孩子爱上书的香味

书中自有千钟粟，书中自有黄金屋，书中自有颜如玉。读书可以丰富知识，增长见闻，开阔视野，还可以明事理、辨是非，并且可以大幅提升语言表达能力、理解能力、想象力等。然而，孩子并不是一生下来就会爱上读书，还得家长因势利导，慢慢培养孩子的读书习惯。

俗话说："兴趣是最好的老师"，只有孩子自觉自发地进入书海，愿意与书为伴，才能通过书获得知识，懂得道理。所以要培养孩子读书的习惯，首先就是要让孩子喜欢读书，在快乐中阅读，在阅读中成长。

珠珠读小学二年级，是一个对世界充满好奇的孩子，常问妈妈为什么；妈妈不会直接告诉珠珠答案，而是给她一本书，告诉她答案在书的什么地方，让她自己去寻找。或者有时妈妈问珠珠一个比较难的问题，让珠珠来回答；若珠珠答不上来，妈妈便把一本书放在珠珠面前，告诉她里面有答案，答对有奖。珠珠在寻找答案的过程中，便感受到读书无与伦比的乐趣，于是在填写兴趣时，在"爱好"一栏中写上"读书"。

写给家长

珠珠妈妈的方法当然值得推荐，但是，不见得每个孩子都有那么强烈的好奇心，大部分孩子都喜欢翻五颜六色的图画书，但不一定每个孩子都会阅读。在这个时候，妈妈可以自己先阅读，让孩子做一个倾听者，引导孩子观看画面，理解画面表达的意思，不要只是平淡地念文字；妈妈还可以一边念给孩子听，一边说自己的感受，引导孩子一同进入书中的情境，进而产生共鸣。如果这时妈妈一边亲昵地搂着孩子、一边阅读，效果更会事半功倍，孩子不仅可以体会阅读的乐趣，也能体会到妈妈的爱。

※　　　　※　　　　※

子健的妈妈因为子健不喜欢读书而大为苦恼，为此，她请教了很多人。后来在一位儿童教育专家的启发下，找到了问题所在。原来夫妇俩工作都很忙，下了班回到家就只想放松，看电视、打牌、玩游戏等，但是他们一边做这些事情时，一边却拼命要求子健读书。在这样的环境下，即使书放在面前，子健也心猿意马、兴趣缺乏。

写给家长

除了在学校，孩子每天大部分的时间都和父母在一起。如果父母自己都在做和读书无关的事情，家里没有读书的气氛，那么孩子当然会把读书视做苦差事；相反的，如果明亮的灯光下，整齐的书桌旁，爸爸妈妈都在认真看书，孩子当然也愿意投入其中。

所以说读书的环境很重要。明亮的图书馆和书店都是培养阅读兴趣的好场所，书架上五彩斑斓、形象生动、引人入胜的图书封面，刹那间就会吸引孩子的目光，产生强烈的、想要一探究竟的兴趣。就是在这种不断聆听和观看的过程中，才能逐渐将阅读变成孩子的一种习惯。

※　　　　※　　　　※

森森的语文成绩愈来愈差，老师将森森的妈妈请到了学校。在妈妈和老师的耐心询问下，森森说出了实情。原来，妈妈帮森森准备了大量课外读物，其中不乏中国名著及世界名著，全是密密麻麻的字，对于刚上小学三年级的森森来说，这些课外读物全部艰涩难懂，没读几天，森森便失去阅读的兴趣，并且将反感的情绪延续到语文课上。在老师的建议下，妈妈把森森的课外读物换成了图文并茂的儿童读物，一个学期以后，森森的语文成绩果然名列前茅。

写给家长

读小学的孩子理解力和想象力都有限，这时若让他阅读太深的读物，反而会削减他读书的兴趣。此时应该选择趣味性较高的书给孩子看，插图美丽和情节有趣的书格外受到他们的青睐，童话故事尤其有"杀伤力"，在享受书中高潮起伏情节的同时，可以有效提升孩子抽象与创造思考的能力。为了让孩子能积极地动脑筋，妈妈还可以鼓励孩子根据文字和图画中描绘的事物，猜测下一步将要发生的情节，甚至和孩子一起为故事写续集。

❋　　　　❋　　　　❋

晓春的妈妈为孩子读书的时候，总是想方设法把他带入书中的情境。有时读到一句话时，妈妈会故意遗漏一个字，让他去补充；有时，妈妈还会突然提问："现在你想想，这个故事往后会怎样发展，结局如何？"有一天晚上，妈妈在读一篇猴子王国的儿童故事时，她问："猴子吃什么？"还问了许多问题。这时，孩子的想象力像张开的翅膀，妈妈知道，他已经全心投入到读书之中。此时，读书对于孩子来说宛如一次亲身经历。

写给家长

当孩子读书的时候像看电影，那么，阅读的目的就达到了。另外，研究显示，在充满书籍的环境中生长，儿童的读书兴趣和阅读能力会提前发展。在家里，无论是书架还是抽屉，或者是茶几，甚至在厕所里都可以放一些孩子的书，让孩子有兴趣阅读。当孩子用存下来的零用钱借书看，妈妈就笑了，因为她知道：孩子长大了，在读书中长大了。

24. 学习兴趣的培养妙招

丁肇中是一位华人科学家，他用六年时间读完别人十年才能读完的课程，后来因为发现了"J粒子"获得诺贝尔奖。

在记者会上，有人问他："你这么刻苦读书，不觉得苦、觉得累吗？"丁肇中回答："不，一点儿也不，从来没有任何人强迫我这样做，相反的，我觉得读书是很快乐的事。因为有兴趣，我急于要探索物质世界的奥秘。比如做物理实验，因为有兴趣，我可以两天两夜，甚至三天三夜在实验室里，守在仪器旁。我急切地希望发现我要探索的东西。"

爱因斯坦（Albert Einstein）很早就说过："兴趣是最好的老师"，创立了生物进化论学说的达尔文（Charles Robert Darwin）也是这样，一接触矿石、昆虫，他就十分兴奋，简直着迷。浓厚的学习兴趣、强烈的求知欲，是获得成功的关键因素之一。学习是一种积极的主动过程，当孩子把被动、消极的"要我学"，变成热情、主动的"我要学"时，学习的积极性才可能进入最高阶段，达到最佳学习状态。因此，兴趣是他们获得成功的重要条件，如何培养孩子的学习兴趣，则是妈妈们需要掌握的一项重要技能。

黛比刚上小学一年级，第一次期中考试，数学考89分，语文考90分，是班上倒数几名。老师告诉黛比的妈妈，黛比常常在上课时打瞌睡，书翻开看不到十分钟就会打哈欠，也时常找借口逃避学习。

黛比的妈妈问："黛比，你和班上哪位小朋友最要好？"

"妮妮。"黛比说。

"妮妮的成绩怎么样呢？"妈妈又问。

"她，数学考100分，语文考99分。"黛比有些扭捏地回答。

"哦，妮妮这么厉害，我们黛比也不差，难道黛比就不能比妮妮考得更好吗？"妈妈说。

黛比点点头。

妈妈又接着说："那我们定下一个期限，这次考试黛比争取数学考90分，语文考91分；下个月争取数学考91分，语文考92分，我们1分1分地追赶，直到追上妮妮，黛比觉得什么时候能追上妮妮，并且超过她呢？"

"期末考试。"黛比信心满满地回答。

写给家长

没有人能从山脚下一步登上山顶，学习也是，没有人一开始就知道所有的正确答案。在学习之初，妈妈应帮助孩子制定阶段性的小目标，解决眼前的难题；目标过高只会让孩子在知识尚未消化时就吐出来，造成厌学的情绪。一个小难题的解决，一个小目标的实现，反而能持续鼓励孩子学习的信心，假以时日，就能攻克大的难题。

❈　　　　❈　　　　❈

图图是个聪明的孩子，兴趣广泛，成绩也很优秀，可是英语就让他伤脑筋，单词记不住，语法也无法掌握，尽管花费不少时间，可是成绩依然无法提高。

图图很苦恼地说："妈妈，我不想学英语，英语太复杂了。"

"是吗？"妈妈问，"图图觉得英语哪里难学呢？"

"单词、语法，所有的我都不会。"

妈妈很奇怪地看着图图："图图听力就很好啊，每次的听力测试，图图不是都能拿高分吗？而且你的会话很好，可以和外国人直接对话。最难的部分你都能学好，简单的单词和语法难道学不好吗？何况图图的记忆力也不差，你一定要对自己有信心。"

图图点点头。

> 写给家长

如果孩子觉得"学习＝枯燥",那么他就会不断在学习中寻找证据,证明自己所想的是对的,此时孩子就不免会畏难退缩。如果孩子觉得"学习＝乐趣",那么他就会从中寻找或制造许多乐趣。所以当你的孩子不想学习,或者对学习不感兴趣的时候,妈妈可以引导孩子回想自己在学习上的优点,增强自信心;想让孩子对学习产生乐趣,必须让他先坚信学习是件有乐趣的事。

25. 好奇心的神奇力量

在剑桥大学,大哲学家罗素问穆尔:"谁是你最好的学生?"

穆尔说:"维特根斯坦。"

"为什么?"

"因为在我所有的学生中,只有他一个人一直露出迷惘的神色,老是有一大堆问题。"

后来维特根斯坦的名气果然超过了罗素。有人问:"罗素为什么落伍?"维特根斯坦说:"因为他没有问题了。"

记得有记者问一位年过半百的女明星,何以能一直保持如此年轻的美貌和心态。女明星说:"好奇心。"

妈妈如果希望孩子能永远精力旺盛,智慧和创造力过人,就得让孩子一直保持珍贵的好奇心,因为有了好奇心,生活会从平淡变得神奇。妈妈们有必要好好研究,怎么让孩子发挥好奇心,让他永无止境地学习,以及享受发现神奇的喜悦。

有个男孩读过一本《世界奇观》,书中描述的古代七大奇观是那么的吸引他。他梦想飞向那遥远的地方,亲眼看一看古代的奇迹和现有的珍贵植物。

母亲支持他去努力探索,并鼓励他跟老师和同学到韦尔斯海岸去度过三周的假期。在那里,男孩大开眼界,搜集了许多昆虫、贝壳、鸟蛋、矿物的标本,进而激发了他采集动、植物标本的爱好和兴趣。父亲还专门在花园里盖了一间小房子,让男孩在里面做实验,为他后来撰写《物种起源》这本巨著,迈出了第一步。

这个男孩就是达尔文。

写给家长

如果达尔文没有好奇心和想象力,就不会有"进化论",而他父母最成功之处,就是特别注意从小爱护、培养儿子的好奇心和想象力。对孩子来说,好奇是知识的萌芽,想象是成长的翅膀,达尔文是这样,爱迪生、牛顿、瓦特、爱因斯坦也是,普通孩子更是如此。而父母的开明、支持和善教,则是培养孩子成长、成材、成功的沃土。

❀　　　❀　　　❀

妈妈带着小静去公园玩,看见园丁正在给树苗培土。

小静问妈妈,他们为什么这么做。

妈妈回答:"泥土的作用很多,有了它,树木才可以长大;有了它,花草才能茁壮成长,牛羊有草吃也会长大,我们才有奶可以喝,有肉可以吃。"

"那小猫也是从泥土里长出来的吗?"

"不是,小猫是猫妈妈生下来的,就好像小静是妈妈生下来的一样。"

"那小鸡也是鸡妈妈生下来的吗?"小静又问。

"小鸡是鸡妈妈从鸡蛋里孵出来的。"

"为什么小猫不从蛋里孵出来?小鸡也有翅膀,为什么不能像鸟儿一样在天空飞翔呢?"小静脑子里有太多困惑需要妈妈解答。

妈妈笑着摸摸小静的头,说:"这些问题妈妈都不清楚,小静快点长大,学到很多知识后再帮妈妈解答。"

写给家长

生活中,父母们常会遇到孩子成串的疑问:春风为什么能让光秃秃的树枝吐出新芽,秋风为什么把枫叶染红?太阳为什么总是从东边出来,又偏偏从西边"回去"?面对这些稀奇古怪的问题,妈妈们千万别不以为然,更不要嘲笑他们,拒绝回答,或者责备他们"烦人"。其实这不是幼稚可笑,而是执着探索;也许就在这些看似"可笑"的问题中,闪烁着孩子智慧的光芒。

26. 找个够酷的家教

放假的时候,小林的妈妈想给他一个放松的学习环境。但是几天过去了,妈妈都没看到小林在看书,于是妈妈提醒他该预习下学期的课程,没想到小林理直气壮地回答说现在是假期。

妈妈看在眼里急在心里,但还是不愿意强制孩子学习。突然,妈妈想到孩子喜欢榜样,便对小林说:"我们一起学习,我当你的家教老师,如果你觉得和妈妈一起学习没有意思，可以请你的同学来家里和你一起预习，我帮你们辅导，免费的，这也算是小班教育。"

经过协商，小林终于同意了。就这样，小林在妈妈的辅导下开始学习下学期的课程，每天上午妈妈辅导一个半小时，剩下的时间全由小林自由支配，下午的上课时间则延长至两个小时。就这样一边哄一边上课，一个假期过去了，小林居然有不错的学习效果。

写给家长

每个孩子都有惰性，你不拿鞭子赶着他往前走他就不知道急，该做的事也不急着做，该写的作业都扔在一边。父母若要当家教还真不容易，管得太严让孩子失去本性，太松又不把父母的话当做一回事。所以，小林妈妈不说"你必须学"，而是说"我们一起来学习"，这样边哄边学，效果真是不错。

很多家长为了不让孩子输在起跑线上，不论是假期还是平时，都请家教来为孩子辅导，似乎只有这样，家长才能安心。其实，选择家教也是有学问的。

✿　　　　　✿　　　　　✿

兵兵上小学四年级，数学成绩一直不太好，为了让兵兵尽快提高数学成绩和逻辑思维能力，妈妈便为兵兵找家教老师。老师是一所知名大学的学生，曾获得辉煌的高考成绩。老师和兵兵很快就熟悉了，兵兵也很喜欢这位年轻的老师。老师认真教学，学生卖力学习，可是测验过后，兵兵的数学成绩却没有进步，直到一个学期结束，兵兵的数学成绩还是在原地踏步。

写给家长

名校大学生当家教往往比较受家长的青睐，他们容易和孩子沟通，打成一片。可是学生毕竟是学生，没有教学实战经验，在辅导过程中，他们注重的是解题方法，而不会考虑应该如何帮助学生思考，训练行之有效的学习方法。因此，当他们帮助孩子顺利完成作业时，孩子可能已经在不知不觉中养成了依赖家教解题的心理。

※　　　　※　　　　※

在兵兵的数学成绩无法提高的情况下，妈妈辞掉了这名大学生。经过多方研究，邀请兵兵的任课老师担任他的家教，每天放学后再到兵兵家里为兵兵进行一对一的辅导。因为老师本身就是兵兵的任课老师，对兵兵的情况比较了解，在家里便可以针对兵兵的弱点加以辅导。一段时间过后，兵兵的数学成绩有所提升，但是这种情况持续没多久，兵兵的成绩又开始停滞不前，这下子，妈妈又发愁了。

写给家长

在职老师对孩子比较了解，在平时的课堂上他就已经知道孩子学习的薄弱环节，因此在家教时，便可以帮助孩子整理知识重点和盲点，这是在校大学生无法比拟的优势。但是家长也应该考虑，有时候孩子某一科的成绩差，可能不仅是自身的问题，而是不适应老师的上课方式。如果放学后继续让这位老师帮孩子上课，孩子可能会产生抵触心理，不配合老师，当然学习成绩也不会有所提升。

※　　　　※　　　　※

有了前两次的教训，兵兵妈妈在选择家教的时候，便先征求兵兵的意见。原来兵兵觉得老师讲课不生动，总是一板一眼，让他没有听课的兴趣，他希望找一个讲课幽默风趣、生动的老师来帮他上课。征求兵兵的同意后，妈妈便到几家中介机构咨询，"货比三家"，终于为兵兵找到了令大家都满意的老师。在老师的辅导下,兵兵的数学成绩有了大幅度的提升。更难得的是,兵兵对数学产生了浓厚的兴趣,从"要我学"变成了"我要学"。

> 写给家长

从兵兵的事例中,妈妈总结出一套找家教的经验。当孩子成绩下降时,找家教并不是唯一的途径。如果能通过与孩子的沟通找到问题症结,当然是皆大欢喜,如果非要请家教,也不妨先征求一下孩子的意见,看他需要什么样的老师,然后再选择符合孩子特点的家教。如果家长自作主张,往往会适得其反。不过,无论是否要请家教,目的都在于培养孩子独立思考的能力和寻找适合孩子的学习方法,绝不是单纯的提高成绩而已。

Part 4

第四章
认知社会，才能融入社会

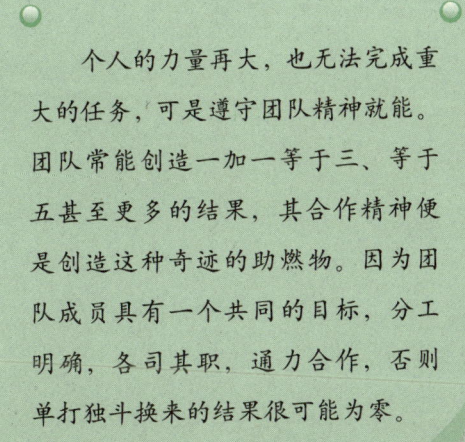

个人的力量再大，也无法完成重大的任务，可是遵守团队精神就能。团队常能创造一加一等于三、等于五甚至更多的结果，其合作精神便是创造这种奇迹的助燃物。因为团队成员具有一个共同的目标，分工明确，各司其职，通力合作，否则单打独斗换来的结果很可能为零。

27. EQ比IQ更重要

英国著名心理学家嘉纳(Howard Gardner)说过:"一个人最后在社会上占据什么位置,绝大部分取决于非智商因素。很多人在潜力、学历、机会等各方面相差不多,但后来的成就和地位却差距很大,这很难用智商来加以解释。"

周周哭着回家告诉妈妈他被打了。如果你是周周的妈妈,你会怎么办呢?有四个选项:A:告诉他这种小事别放在心上;B:大声训斥他有没有打回去? C:告诉孩子:"我现在很忙,晚一点再说";D:询问他:"还疼吗?有同学打你,所以你很委屈"。如果周周的妈妈很重视培养周周的EQ,那么她就应该选D。

EQ是个人对自己情绪的把握和控制、对他人情绪的揣摩和驾驭,以及对人生的乐观程度和面临挫折的承受能力。

为什么周周的妈妈应该选择答案D呢?因为培养孩子EQ的第一步,就是教孩子了解自己的情绪。"有同学打你,所以你委屈",这是告诉孩子,实际上让孩子困扰的是他自己的情绪,接下来要处理的就是学习调适情绪,并做出合理的反应。同时,这样做会让孩子从中学会设身处地,如果下一次是他去打别人,那么别人也会有相同的感受。对于孩子EQ的培养,小学的阶段最重要。

绵绵的妈妈发现绵绵上了小学以后,情绪变得非常浮躁,很容易发脾气,有事情没有做好就开始怀疑自己的能力。后来绵绵的妈妈报名瑜伽班,带着绵绵一起练习亲子瑜伽;一段时间过后,绵绵渐渐学会了静心、放松的技巧,脾气也改了很多,变得愈来愈乖巧。

写给家长

静坐冥想可以有效降低一个人的焦虑，缓和情绪，能够强化注意力的集中，当然，也可以提升学习效率。美国的一些学校，就会在课程中加入冥想的练习。另外，妈妈们还可以带孩子一起做一些有益的活动或运动，帮助孩子排解负面的情绪。

❋　　❋　　❋

孩子问："妈妈，我长大了可不可以飞上天？"

妈妈没有打击孩子突如其来的想法，想了一下回答："只要你一直努力想办法，一定可以！"后来，这个孩子长大了，真的飞上了天，他就是人类第一个登上月球的人——阿姆斯特朗。试想，如果当时妈妈的回答是："不可能，你别做白日梦！"那么，他会成为第一个登上月球的人吗？

写给家长

每个孩子都有很多奇奇怪怪的梦想，并且盼望快快长大去实现。妈妈不能轻易去破坏他们，而是要根据孩子的梦想正面引导。大量的研究显示，白日梦能够有效激发孩子的想象力和创造力，许多伟大的发明都是从空想开始的；梦想，便成为开发孩子EQ的起点。

不打击孩子的梦想，就是在帮助孩子建立自信。孩子很在乎父母的评价，如果有一个不吝啬鼓励和给予充分肯定的妈妈，孩子的自信程度会比很少得到肯定的孩子高，这种适度的自信会让他的EQ大幅提高。

❋　　❋　　❋

子若还是个婴儿的时候，每次想喝奶都会大哭，可是妈妈并不是马上喂他牛奶，而是一边慢慢和他说话，一边轻拍他的背，让他哭一会儿才给他喝奶，而且时间愈来愈长，从最初的几十秒钟到后来的几分钟。后来，子若读小学，喜欢吃零食，妈妈告诉他："如果你能忍住一个星期不花钱买零食，下周我就加倍给你零用钱，这样你就可以买更多东西。"

写给家长

子若妈妈的这种做法，其实是在训练子若的忍耐力和自制力。人的很多行为来自于欲望，不能及时忍耐和克制，在人生的棋局上就可能满盘皆输。调查显示，缺乏意志和耐性的孩子做事往往虎头蛇尾，不能长久坚持，长大后在事业上的成功率远低于那些能忍耐的孩子。

有的家长把孩子捧在手上怕摔倒，含在嘴里怕融化，以杜绝危险为理由限制孩子种种户外活动，在这种环境中长大的孩子往往胆小、敏感、自私自利，不懂经营人际关系，进而在事业上得不到良好发展。所以，妈妈应该从孩子懂事起就该让他多走走看看，适应新的环境，鼓励孩子勇敢面对困难。

孩子14岁之前的学习能力和吸收能力都很强，这个时候培养他的EQ能力会让他受用终身。这个阶段的教育能让他增强心理的免疫力，得以应付学习和生活中的低潮与挑战，让孩子有能力去经营一个成功与快乐并存的美好人生！

28. 小孩子也有任务要完成

一个研究小组到刚开学两周的某个小学做调查。调查小组的工作人员问："请你们说一说，为什么要来学校上学？"只有40%的同学回答："我已经长大了，要学更多的知识和本领。"而剩下的同学各种答案都有，有的说："我不知道，是爸爸妈妈让我来上学的。"有的回答："上完小学就可以上中学、大学，以后可以赚钱。"还有的人回答："幼儿园阿姨不要我了，我就来这里。"由此可知，有很多上小学的孩子没有意识到自己的任务是什么。

培养孩子的优良品格、生存能力及竞争意识，这是众多年轻父母不可忽视的问题，从小培养孩子一定的任务意识，是许多优良行为中的一部分。

妍妍和可可都是小学二年级的学生，是同学也是邻居，可是两个孩子回家后的表现却截然相反。妍妍回到家的第一件事是完成老师布置的作业，而可可则是先玩，做功课总是忘东忘西，常常忘记老师说过的话。

写给家长

妍妍和可可两种对待家庭作业的态度，表示两人的任务意识不同。所谓任务意识，就是理解并记住别人交代的事情，并努力去完成它。任务意识比较强，就是孩子责任心比较重，自觉性比较强；相反的，任务意识比较差的孩子表现就不是那么尽如人意，做事敷衍了之，处事被动。那么，应该怎样培养孩子的任务意识呢？

❋　　　　　❋　　　　　❋

妍妍每做完一件妈妈吩咐的事情，妈妈都会亲自检查，完成的话妈妈就给予鼓励。如果没有完成，妈妈就和妍妍一起分析原因，共同商量完成的最佳方法。久而久之，妍妍每做一件事都会认真完成，因为她知道妈妈会督促，上学后，老师的吩咐她当然就能记住。

而可可呢？如果妈妈交代他扫地，他胡乱扫两下就把扫把扔到一边出去玩。对于可可这样的态度，妈妈虽然有点生气，但她觉得小孩子爱玩也是一件正常的事，就不会再把他叫回来扫完地，而是自己把剩下的事做完。

慢慢地，可可便把妈妈的话当做耳边风，因为他知道即使自己没有做好，妈妈也不会责怪他；而他做好了，妈妈也不会表扬他。上学后，他自然对老师交代的任务也抱着完不完成都无所谓的态度。

写给家长

任务意识并不是突然之间形成的，而是需要经过长久训练的。在孩子还小的时候，安排他做一点力所能及的小事，如摆碗筷、放拖鞋等，从简单到复杂，做好了就给予表扬，慢慢的，孩子便会在鼓励中学会承担。任务意识不仅能提高孩子的学习能力、动手能力、动脑能力，还能培养孩子生活自理能力和劳动观念。

✳　　　　✳　　　　✳

有一天，读小学一年级的娇娇问妈妈："妈妈，小学生的任务是什么？"妈妈听到后非常高兴，这说明在娇娇幼小的心灵里，已经有了任务意识。于是妈妈趁机告诉她，社会里人人都有自己的任务，工人做工，农民种田，小学生的任务就是德、智、体、美、劳全面发展，好好学习，也就是记住并做好老师和父母交代的每一件有意义的事。

写给家长

妈妈巧妙地抓住机会，告诉娇娇什么是任务，这比强行灌输要有效得多。可是，孩子上学后每天都有具体的学习任务，还常有一些班级活动需要完成，因此，首先要做的就是要记住这些任务。娇娇妈妈的做法是先口头提醒，多提醒几次，让孩子记住；当孩子实在记不住或者任务比较多的时候，就用一个小本子记下来，让孩子自己记，内容包括："什么任务""有什么要求"和"什么时间完成"，缺一不可。

当然，任务意识并不是单纯的在学习和劳动等范围内，还包括思想、道德，如爱和责任心等。

❋　　　　❋　　　　❋

知知过生日，大家为她准备了漂亮的生日蛋糕。当吹完蜡烛分蛋糕时，妈妈不是把最大的那一块给知知，而是让知知自己把蛋糕分给大家，并趁机讲起"孔融让梨"的故事。结果，知知把最大的两块给了爷爷和奶奶，众人都赞不绝口。

> 我要把最大的两块蛋糕给爷爷和奶奶，我吃最小的！

写给家长

从小培养孩子尊敬长辈、为他人服务的思想很重要，以后才不会出现"妈妈最爱吃鱼头"的故事。在完成具体任务时，不管是想法或是做法，或是完成的勇气，对孩子而言都是困难的。这时妈妈可引导孩子扩展思路，鼓励他自己想出解决办法，或在做法上给予指点，但绝不能代他完成；唯有这样,孩子才能在完成任务的过程中学会克服困难,学会竞争,学会尊重别人,学会生存。

29. 规则意识是条警戒线

应该有很多人听过这个故事。

一个德国老人和德国青年,站在马路边等红灯变绿灯,这时马路上一辆车都没有,空荡荡的。

于是青年说:"反正没车,我们走过去吧!"

老人说:"还是等绿灯吧!"

但青年没有听,继续往前走着,走到路中间,突然一辆车急速地出现在眼前。

青年毫无防备……

规则意识不仅要遵守,还要养成遵守制度或章程的良好态度和习惯。规则意识较强的孩子,自律精神也比较强,更容易适应群体生活,而淡漠规则意识的后果则可能会致命。

妈妈星期天带小鲁到公园玩,小鲁要去玩滑滑梯,还非要脱鞋。

"溜滑梯不需要把鞋子脱掉。"妈妈说。

小鲁根本就不听妈妈的话,三两下就把鞋子脱了,穿着袜子在滑滑梯上跑上跑下。过了一会儿,又来一个小女孩要滑滑梯,小鲁堵在滑滑梯口,不让别的小朋友过。

妈妈看见连忙把小鲁拉开,对他说:"小鲁,快点让开,妹妹也要玩滑滑梯。"

小鲁哭起来,挣脱妈妈的手,仍堵在滑滑梯口。

妈妈把哭得稀里哗啦的小鲁拉开，讲道理给他听："滑滑梯是公园里的公共设施，大家都可以玩，就算是小鲁自己的玩具也可以借给别人玩，为什么要一个人霸占滑滑梯呢？如果其他的小朋友不让你玩滑滑梯，你会高兴吗？"

小鲁渐渐地不哭了，把滑滑梯让出来，并且穿上了鞋子。不一会儿，小朋友愈来愈多，大家都自觉排队轮流玩滑滑梯。

写给家长

孩子也许对规则一无所知，但妈妈一定要让孩子知道规则无处不在：交通规则、游戏规则、竞赛规则，而一定的规则能保证人们生活得更好。妈妈可以时常反问孩子，如果不遵守规则会怎么样？让孩子设想违规的后果，引起他对规则的重视。

※　　　※　　　※

小新很喜欢画图，可是画画的彩色铅笔笔盖却常被小新弄丢，或者笔芯掉在地上用脚踩，因此妈妈得经常为小新买新的彩色铅笔。

有一天，妈妈拿一盒新的彩色铅笔给小新，对他说："小新你看，彩色笔盒像不像一个小房子，那些彩色铅笔就住在自己的小床上。"

小新拿出一支彩色铅笔，妈妈又说："你看这个笔盖就是彩色铅笔的帽子，如果小新要用这支笔，就先帮它把帽子放在属于它的小床上，就好像小新的衣服是放在小新的床上一样。等到用完了，再把帽子重新戴上，然后放回小床，换别的颜色，全部用完了以后，记得把小房子的门关好。"

小新点点头，妈妈又说："小新的房间妈妈会负责打扫干净，彩色铅笔的房间需要小新负责哦！"

"没问题。"小新大声地说。

写给家长

国有国法，家有家规。在家里，妈妈要为孩子制订一定的规则，比如定时整理房间，回家要跟家人打招呼，要按时吃饭睡觉。在为孩子制订规则的时候，妈妈要采用孩子喜爱的形式提示规则，避免简单、粗暴、训斥、说教的方式。

❈　　　　❈　　　　❈

宁宁是个做事慢半拍的孩子，吃饭、穿衣、写作业，都需要花很多的时间，常常还没吃完饭，卡通片就开始了。于是宁宁就端着饭碗边看边吃，一顿饭的时间就会延长很多。

在准备晚饭的时候，妈妈对她说："宁宁，我们在家里开一个剧场，名字就叫宁宁，你是主角好不好？"

"好啊！"宁宁想也不想就答应了。

"我们的剧场每天开3场，中午12点，下午6点和晚上8点。要看戏必须提前进场，宁宁觉得要提前多久比较合适呢？"

"5分钟。"宁宁说。

"好，就提前5分钟入场，否则时间一过，就不能进场看戏了，宁宁同意吗？"

宁宁点点头。

又到了吃饭时间，宁宁还没吃完饭，习惯性地端着碗就要去开电视。

"宁宁，你忘了剧场规则吗？提前5分钟入场，现在时间都过了，你是主角，不可以破坏规则哦！"

宁宁泄气地站在"剧场"门口，不肯离去。

写给家长

发现孩子在活动中的问题后，妈妈可以与孩子一同分析讨论，共同制订行为规则,使孩子既有自由选择的机会,又能理解规则,而不用以往由家长制订规则、孩子被动接受的方式。父母孩子共同制订规则,通过互动来增强沟通,可以使孩子的规则意识获得主动发展。

30. 自立自强,塑造独立个性

妈妈在商场和六岁的儿子小南走散了,小南突然发现妈妈不在身边,马上变得惊慌失措,四处大声叫"妈妈",找到妈妈后急得眼泪都掉下来了。

妈妈擦干小南脸上的泪水,说:"走路的时候一定要跟紧妈妈,如果不小心找不到妈妈,应该要学会去求助,找警察或者打电话和妈妈联系,你知道妈妈的电话吗?"

"不是记得很清楚,我现在就把妈妈的电话号码背下来。"

几天后,妈妈带小南逛街,故意让他一个人走在前面,自己就躲在小南看不到的地方偷偷跟踪,他独自走了一段路后,发现妈妈不在身边,在大叫好几声妈妈后,就去找警察借打电话。

独立自主是自己自主,自己掌握命运,不依赖别人,不受别人的支配。独立自主是健康人格的表现之一,它对孩子的生活、学习质量,以及成年后事业的成功和家庭生活的美满有重要的影响。所以妈妈应当创造训练机会,培养孩子的自理、思考和解决问题的能力,关键就是培养孩子克服困难的特质。妈妈扮演的角色应当从"拐杖"转化为"向导";如果爱孩子,就要从小培养他的独立性,让他去走自己的路。

前一段时间,妈妈和小意说她已经六岁了,起床后要自己学习叠好被子。

小意一听要自己叠被子，马上说："妈妈，我不会，今天你帮我叠。"

"好，妈妈今天帮你。"妈妈说不过小意，帮她叠好被子。谁知道这么一来，小意干脆就不叠被子，一起床就喊："妈妈，我不会叠被子，你来帮我！"

妈妈看穿小意的心思。当小意再次请妈妈帮忙叠被子时，妈妈说："我来教你。"于是一边叠一边讲解，让小意和她一起动手做，一半自己叠，一半留给孩子叠。

在教小意叠被子的同时，妈妈还不忘夸奖她："小意很能干，只要认真学习，肯定会叠好被子！"

写给家长

在孩子的日常生活中，妈妈通常都很乐意替孩子完成他们本来该自己做的事，比如：穿衣、吃饭、收拾东西，只要孩子说"这个我不会""妈妈帮我做"，妈妈一般都会主动代劳，从来没想过这样做的后果。这样只会增加孩子的依赖心理，不仅不利于养成孩子良好的性格，也不利于培养他们动手的能力。妈妈应该通过适当的帮助和引导，教导孩子做好自己的事情。

❈　　❈　　❈

七岁的兰兰主动向妈妈要求负责一项家事：洗碗。妈妈特别买了一个小板凳给兰兰，让她踩在凳子上，以够得到水龙头。

刚开始洗碗的时候，兰兰忘了洗锅，也忘了把残留在碗上面的洗洁精冲洗干净，有的碗底摸上去还油腻腻的。

妈妈对兰兰说："兰兰只用20分钟就把碗洗好了，动作很敏捷。"说完，拿起一个没洗干净的碗说："但是有几个碗的碗底被兰兰忽略了，还有炒菜的锅子，煮饭的电饭锅也都是兰兰的'业务范围'哦！如果兰兰洗碗累了，那妈妈帮你洗。"

"不，我要自己洗。"兰兰又卷起衣袖："妈妈你去休息，我可以洗。"

写给家长

当孩子想参与成人劳动时，妈妈能为他做的，首先就是相信他的能力，鼓励他；其次是准备好合适的用具，让孩子能正常地工作。如果用大人的标准去验收孩子的成果，一定很少会有合格的。这时妈妈千万别发怒，给孩子多一些肯定，少一些责备；当孩子的存在价值被肯定时，他们会感到无比的兴奋和快乐，进而培养出孩子自立自强的个性。

❈　　　　❈　　　　❈

牛牛上小学后，妈妈帮他安排了紧凑的作息时间，规定他晚上最晚不能超过九点睡觉，否则如果隔天早上起不来，就是他自己的事。

牛牛一直遵守着规定。但是有一天晚上因为熬夜看球赛，又忘了打开闹钟，第二天早上八点钟才惊醒。于是他早餐也没吃，洗完脸就赶往学校，还是迟到了，被老师责备。

回家后牛牛委屈地哭了："你们怎么不叫醒我呢？害我上学迟到，老师要我检讨。"

"牛牛，我不是早就说过，早上起床是你自己的事，被骂也是对你自己过失的惩罚，怎么能埋怨别人呢？早上什么时候起床，妈妈绝对不会干涉你，今天不会，明天也不会。"

写给家长

在日常生活中，孩子难免会犯错，妈妈可以让孩子体会犯错后承担的后果，让孩子提出解决问题的方法，面对问题、解决问题，才能增强孩子的责任感，使他从中学习独立自主。

31. 让孩子学会自律

自律就是自我约束的能力。小孩子在出生的时候，完全没有自我控制和自我调节的能力，这时候的孩子几乎完全受冲动和欲望的影响。如果在成长过程中不加以培养和改善，那么，他就会成为一位放纵与任性的人，不被社会所接受。人的一生应该有所为、有所不为，只有幼时学会了自律，将来才能掌握更多的资源。

小诚很喜欢吃巧克力，结果就是变胖和长蛀牙。妈妈为了防止他再吃，便把家里所有的巧克力都藏起来。可是有一天，妈妈下班时发现垃圾桶里全是巧克力的包装纸，原来，小诚找到了妈妈藏巧克力的地方，一次就把它们吃光，看来这个办法不可行。

于是，妈妈便告诉小诚："巧克力吃多了不好，看你现在胖胖的，牙齿有蛀牙，就知道多吃巧克力有什么后果。现在妈妈允许你吃，但是一天只能吃一块，如果你能够连续一个礼拜不吃的话，妈妈就送你一个漂亮的铅笔盒。"小诚答应了。

可是刚开始，小诚还是会嘴馋多吃一块，妈妈没有斥责他，但当小诚做到了承诺，妈妈便给予鼓励和表扬。时间久了，小诚不仅对吃有所节制，在玩时也会有节制。

写给家长

培养孩子自律和自信的方法都一样，对于孩子的行为多鼓励少训斥，如果爸爸妈妈能和孩子共勉的话，效果会更好。例如：爸爸要抽烟，妈妈爱吃零食，为了教育孩子，三个人可以一起定一个规矩，赏罚分明。在父母的带动下，培养孩子的自律肯定会事半功倍。

❀　　　　　❀　　　　　❀

文文的名字虽然叫"文文"，可是她一点都不文静。在班上总爱有事没事"骚扰"同学，比如：上课的时候偷偷玩前面女生的辫子，或者偷偷在同学衣服上画朵花，下课的时候有同学从走廊经过，她总是有意无意地摸一把或抓一下，弄得班上好多同学向老师反映。而老师多次向文文的妈妈反应，但妈妈也一筹莫展。

写给家长

上小学的孩子很多都爱动，更喜欢用动作而不是语言来表达自己的意愿。像文文这种不管有意还是无意，总想触碰周围同学的孩子，就属于自制力差的那一型。造成文文自制力差的原因，是行为习惯没有得到及时的纠正和引导，导致无意识的动作太多。这时候，妈妈就不要害怕矛盾，可以和文文一起主动邀请同学到家里来玩；当文文出现无意识碰触同学的行为时，妈妈可以马上制止，请文文向同学道歉。这样多做几次之后，文文的无意识行为就会慢慢得到改善，自我控制的能力也会逐渐增强。

❊　　　　❊　　　　❊

班上的同学都把成才叫"闹闹"，因为他是班上纪律最差的学生。上课时说话屡教不改，特别是自习课，即使没有人和闹闹讲话，他也会自言自语。老师多次和闹闹的妈妈沟通以后，在一次班会上让闹闹当上纪律委员，让闹闹来监督班上的纪律。这一招果然很管用，当闹闹管好自己后，班上的纪律也得到了改善，渐渐的，"闹闹"这个"雅号"再也没有被同学叫过。

写给家长

孩子不守纪律，是因为他缺乏班级荣誉感，不想自我控制。针对这样的情况，家长和学校应该齐力配合效果会更好，让纪律最差的孩子当上纪律委员，这一职务唤起了他的荣誉感和责任心，自我控制的意识便产生了。同样的，如果一个孩子不爱劳动，不妨让他当卫生委员，把监督卫生的责任交给他，让他在团体荣誉感中激发自己的自制力，磨炼成一个自律的人。

自律与自我反省如并蒂莲一样如影随形。爸爸妈妈可以在适当的时机，让孩子有机会去深刻地自我反省。例如当他唱完了生日歌、吹完蜡烛后，便可以问他，过去一年得到了什么？失去了什么？哪些行为要保持？哪些地方该纠正？以后会怎么做？如果父母能够放下面子，和孩子一起进行自我反省，对自己的错误真诚地向孩子道歉，那么孩子在父母的带动下，也能更正确地认识自己，进而自律与自控。

32. 朋友无价，益友胜过良师

大家常会说，要知道一个人是怎么样的人，看他的朋友就知道了，可见"物以类聚，人以群分"一点也不假。一个人交什么样的朋友，会对他的性格，甚至人生产生直接的影响。当孩子读小学的时候，往往分不清该交什么样子的朋友，这时妈妈就应该教他如何选择自己的朋友。

暑假的时候，明明和妈妈一起到乡下居住，在那里明明认识了一个叫帅子的男孩。那个男孩性格外向，又和明明同岁，很快两人便形影不离。妈妈发现帅子身上有很多缺点，例如撒谎、顺手牵羊、随便吃别人家里的东西等，可是该怎么样让明明看清眼前这个男孩子呢？妈妈一时想不到办法，又不能强行制止他们在一起。

一天，妈妈亲眼看见帅子拿走明明的"喜羊羊"玩偶，便假装不经意的问明明"喜羊羊"哪里去了？明明找来找去都找不到，急得哭起来。突然，明明说："一定是帅子拿走了，我曾经亲眼看到他偷别人院子里的果子，他叫我去，我没有去。"

妈妈趁机讲道理给明明听，问他偷东西好不好？

明明说不好。

"那偷东西的小朋友是不是好孩子？"

"不是！"明明回答。这时，妈妈找来一支粉笔，一瓶黑墨水和一瓶红墨水，告诉明明，粉笔就是明明，黑墨水就是偷东西的坏孩子，红墨水就是听话的好孩子。然后把粉笔的两头分别放进墨水瓶，粉笔就变成了两种颜色。"近朱者赤，近墨者黑"的道理，妈妈就这样形象地示范给明明看。

写给家长

有些道理大人讲了很多遍，可是孩子就是记不住，但当遇到一个相似的情境，大人可以示范给孩子看，孩子就会牢牢记住。孩子交朋友并不一定要交成绩好的，朋友这两个字是掺不得一丝一毫功利色彩的。如果抱着功利的心态去交朋友，永远都不会交到知心朋友。交朋友不是为了对方的成绩和排名，而是因为对方与自己有共鸣；就像伯牙和钟子期的交情那么深，身份地位却相差悬殊，伯牙是著名的外交家，而钟子期却只是一介樵夫。

※　　　　※　　　　※

子华在学校里人缘很好，因为他待人真诚，愿意把自己的一切与同伴分享，而且他性格外向，兴趣广泛，在学校里报了两个才艺班。才艺班的同学都是因为有共同的爱好才聚在一起，因此很容易就可以成为对方的知己。他们常在一起讨论学习做实验搞发明，相互影响，在学校都是品学兼优的学生。

写给家长

孩子在成长过程中会对结交朋友产生渴望，这本来就是正常现象，有些话他们可以不对父母说，却喜欢向同辈表露。如果父母剥夺了他们与同年龄孩子正常交往的权利，孩子的忧郁情绪无法排解，就有可能发展成为自闭、偏执等心理疾病。为了尽可能使孩子少走冤枉路，可借鉴子华妈妈的做法，先培养孩子健康的兴趣爱好，再帮他报才艺班，教他真诚地对待别人，尊重别人。因为身边都是类似的同学，所以比较容易交上益友。

一旦和某人成为朋友，就要注意和朋友之间的相处之道，这样友谊才能维持长久，这也是培养社交能力的最好方式之一。因为"朋友圈"就是一个小型社会，在维护友谊的过程中，你遇事会和朋友商量，你会知道什么是理解、包容、妥协、忠诚、信任等；当处理好朋友间的种种关系，也就学会了人类处理各种社会关系所必须具有的技能和态度。

33. 互惠双赢，合作精神

有一天，一位魔术师来到村庄，他逢人就说："我有一颗汤石，只要把它放进烧开的水中就能变出美味的汤来。如果你们愿意，我现在就煮给大家喝。"

不一会儿，就有人找来一个大锅子，有人提来一桶水，有人抱来一堆木柴，架起炉子，就在广场上煮起汤来。

魔术师小心翼翼地把汤石放入滚烫的水中，然后用汤匙尝了一口，兴奋地说："太好喝了，如果再有一点洋葱就更美味了。"

话刚说完，就有人从家里拿来一堆切好的洋葱，魔术师把它放进锅里，又尝了一口："嗯，就是这个味道，不知道再放些肉片进去会怎么样？"又有一个妇人快速回家端了一盘肉来。

魔术师再尝一遍，张大嘴巴："我记得，还应该再加一些蔬菜。"

后来在魔术师的指挥下，有人拿盐、有人拿酱油、也有人拿乳酪。当全村每人一碗、一起享用时，他们发现这果真是天底下最美味的汤。

其实我们都知道，那不过是颗平淡无奇的石头，但只要每个人心里都想煮出一锅美味的汤，而且贡献自己的一份力量，就能够煮出美味的汤，汤石就在每个人的心中。

朵朵指着故事书中的大雁问妈妈："为什么大雁在飞行的时候，总是喜欢排成'一'字形或'人'字形？"

"因为它们排成这样的队形就不容易脱队。"

"为什么它们不排成'二'字形或者'个'字形呢？"

"这个妈妈也不清楚，我们一起上网查查看吧！"

原来，大雁之所以在飞行的时候排成"一"字或"人"字形，是因为在这样的飞行结构中，每一只大雁扇动翅膀时，都会为紧随其后的同伴减少一些空气阻力，增加一股向上的力量，这种力量可以让大雁减少体力消耗，比单飞的时候提高70%的飞行效率。所以当一只大雁落单的时候，都会想尽办法回到雁群中去，否则它不可能单独完成长达十几天的路程。

一年两次的南北迁徙，对大雁来说是非常漫长遥远，且危险重重的路程。只有靠团队之间的紧密合作，才能顺利到达目的地。

写给家长

合作精神是一个团体成功的血脉。合作精神能够凝聚团体中的不同成员，团体的共同目标和理想可以把每一个个体紧密地联结在一起。合作精神不仅能激发个人的能力，截长补短，而且能激励团体中的每一个成员，鼓励所有成员朝着同一个目标努力。

❋ ❋ ❋

一位社会学者来到一所学校，和学生们玩了一个游戏。

他拿出一个窄口的瓶子，瓶子里放了五颗珠子，瓶口恰好能容一颗珠子通过。珠子上系着一条绳子，他让五个学生分别拉着五颗珠子。这时，他说："我们必须在五秒之内把所有珠子都拉出瓶子。"

五个学生开始争先恐后地拉绳子，可是珠子堵在瓶口，谁也出不来。争夺之间，瓶子掉下去，摔得粉碎。

这位学者捡起一块玻璃碎片，又讲起了另一个故事。

有人曾做一个实验，把七八只黄蜂关进一个密封的小木箱里。几天以后把箱子打开时发现,木箱的四个墙壁分别多出了七八个小洞,在每个洞里各有一只死去的黄蜂,可是这些洞最浅的深度都超过木板厚度的一半。也就是说,如果它们能够团结合作,每一只黄蜂都在同一个小孔轮流钻一段,那么它们就能轻易钻开木箱,成功逃出。遗憾的是,它们一个一个只顾各自逃命,最后全部命丧黄泉。

故事讲完了,学者又拿出一个相同的瓶子要学生重新再做一次这个游戏,这回学生们在3秒之内就把所有珠子拉出瓶子。

原来,他们从左到右一一排队,一前一后、井然有序地拉出了自己的珠子。

写给家长

个人的力量再大,若不遵守规则也是无法完成重大的任务,可是遵守团队精神就能。团队常能创造一加一等于三、等于五甚至更多的结果,其合作精神便是创造这种奇迹的助燃物。因为团队成员具有一个共同的目标,分工明确,各司其职,通力合作,否则单打独斗换来的结果很可能为零。

※　　　　※　　　　※

活动课上,老师说要放一段学生们打扫教室的录像带给同学们看。

大家都觉得很新奇,看见自己和别人的影像时,爆出哄堂大笑。可是看着看着,有人看出了问题:打扫的时候,学生们有的挤在同一组扫地,其他组却没人扫;有的觉得擦黑板好玩,就一直不停地擦,完全不管窗户的玻璃;大家都在扫地,垃圾桶都装满了,却没有人愿意去倒。

教室里开始窃窃私语。

"有的人往前扫,有的往后扫,应该往同一个方向扫才对。"

"这组那么多人扫,其他组却很脏。"

"擦黑板一个人就够了,应该分一些人去擦玻璃。"

"那么,你们觉得问题出在哪里呢?"老师问。

"应该事先分工,一些人扫地、一些人擦玻璃,以及一些人擦桌子。"

"没有很好的合作,都各做各的。"

写给家长

团体活动是培养孩子团队精神的催化剂。孩子们通过班会、辩论会、运动会、郊游等活动,具体深刻地理解团队的意义,建立责任感和荣誉感。生活中真实发生的事例往往比说教更具有说服力,让孩子懂得合作的重要性,才会思考该如何合作。

34. 成为有责任感的人

美国前总统里根(Ronald Wilson Reagan)小时候踢足球,打破了邻居的窗户,父亲赔偿邻居后,让他打工半年,把钱如数还给父亲。很多家长在听到这个故事的时候都认为,这种做法对孩子太严苛了。但是里根总统回忆说,其实是父亲帮自己上一堂课,让他明白什么叫"责任"。

责任感是人类在社会生活中应该具备的基本情感。一个有责任感的人,才会把自己的生命与别人的生命联系起来,才有带给他人幸福的能力和创造成就的动力。

现代的孩子享受前所未有的物质和文明,在家长的宠爱下变得愈来愈自我,责任感大大降低,但这种状况已经逐渐引起人们的注意。

畅畅的妈妈35岁才生下他,因此妈妈总是对畅畅"呵护备至"。

畅畅跌倒了，妈妈说："都是椅子太坏了"；孩子把碗打翻了，妈妈怪自己没放好；畅畅漏做了数学题，妈妈怨爸爸光顾着看球赛，没有检查孩子的功课；学校组织郊游，妈妈一个晚上醒三次，怕耽误孩子起床；上课时间已经超过十分钟，老师要检查试卷，只见畅畅还在书包里翻找试卷。周一早上，妈妈总是要专程跑一趟学校送东西给他，有时候是校徽，有时候是餐袋，还有时候是作业簿。类似的例子，不胜枚举。

写给家长

畅畅的这些行为无疑正是没有责任感的表现。人的习惯本来就是经过渐进而漫长的过程形成的，畅畅妈妈无微不至的关怀，实际上剥夺了他为自己负责的机会，长久下去，畅畅肯定只懂得索取而不懂得付出。要培养孩子的责任心，首先妈妈就要放弃溺爱，让孩子学会自我服务，先让自己多承担一些责任。比如：自己吃饭、打扫房间、记备忘录，先从这些小事做起，而且要从小训练，因为我们不可能奢求他长大后会突然明白什么是责任。因此，"勿以善小而不为"，这些小事情做多了，做习惯了，慢慢就会产生责任感。

※　　　※　　　※

浩然为了和同学打赌，弄坏了学校的公共设施，妈妈向校长道歉后，对浩然进行了停止接送一周的处罚，浩然必须每天自己走路去上学。浩然走得很辛苦，便向妈妈哭诉。邻居都看不过去，劝妈妈就此了事，但妈妈坚决地说："不，他应该对自己的行为负责！"

写给家长

孩子在价值观形成的过程中，会漠视责任感，这是一件正常的事，因为有时候做某些事情,就是为了好玩或一时兴起,并不清楚那样做会带来什么不好的影响,所以有时候可以学学浩然妈妈,让孩子适当地吃一些苦头。当孩子自食其果之后,下次做事自然会提高警觉,多考虑该怎么为后果负责。

❋　　　❋　　　❋

老一辈经常讲一个故事:一个男人晚上偷偷摸摸地准备一个大筐,叫醒熟睡的儿子一起帮忙。原来,男人觉得自己的父亲老了,没有用又浑身是病,留在家里也是吃闲饭,打算把父亲装进筐里抬到后山扔掉。

儿子说:"爸,你要把筐留着,我以后还会用。"

男人很疑惑地问他为什么。

儿子说:"等你老了、没有用了,我也要用那个筐把你扔掉呀!"

男人拿着筐的手顿时松开来。

还有一则公益广告：女儿透过门缝看见妈妈在为奶奶洗脚。于是，有一天当妈妈下班回家后，女儿也端来一盆洗脚水放在妈妈面前，轻轻地把妈妈的脚放进水里，妈妈热泪盈眶。

写给家长

每个孩子都会把父母视为自己最崇拜的人，进而模仿他的一言一行。很难想象，一个对父母、对伴侣、对孩子、对社会没有爱心、没有责任感的家长，会培养出有很强责任心的孩子。当一个妈妈随便把垃圾丢到地上，然后对孩子说不要随地乱丢垃圾，你说孩子会服气吗？所以，好孩子不是教出来的，而是父母以身作则影响的。

很多事情妈妈放手让孩子做，就应该放得彻底一点，不要挑剔他们的不完美，因为这只是在社会化过程中的体验，这种体验简单而宝贵。随着体验的不断增加，孩子的责任意识才能加强和提升。如果家长太在意结果，而对孩子加以苛责，就给孩子留下了逃避责任的可乘之机，也难以培养孩子健康的人格。

35. 培养辨善恶、明是非

孟子是战国时期鲁国人。三岁时父亲去世，由母亲一手抚养长大。孟子小时候很爱模仿他人，他家原本住在坟地附近，他便常常玩筑坟墓或学别人哭拜的游戏；母亲认为这样不好，赶紧搬家。第二次的家靠近一个市场，孟子又开始模仿别人做生意和杀猪的游戏，孟母认为这个环境也不好，赶紧再次搬家。

最后一次家的附近就是学堂，于是孟子跟着学生们学习礼节和知识；

孟母认为这才是孩子应该学习的，心里很高兴，就不再搬家了。这就是历史上著名的"孟母三迁"。

这个故事告诉我们，当我们改变不了周围对孩子不良影响的环境时，我们就要选择离开。

现代社会如果要"三迁"，成本太高，但是其中蕴含的道理值得人们深思。刚出世的孩子就像一张白纸，世界上的任何一样东西对他而言，都充满了吸引力，他也没有能力分辨善恶美丑。

要让孩子明辨是非曲直，做妈妈的理应一马当先。那么，作为妈妈，应该怎样培养孩子的是非观呢？

朵朵和柯柯在家里玩，却吵了起来，因为柯柯在朵朵说话的时候，老是往窗外望，当朵朵问他看什么时，柯柯却回答："你管我看什么，我又没有看你吗！"朵朵认为柯柯是在骂脏话，柯柯却不这样认为，他觉得这只是一句俚语。于是，两人便发生了激烈的争吵。

朵朵妈妈遇到这件事也觉得很棘手，后来，她没有对其中任何人的行为进行批评，而是让他俩玩一个游戏。两人分别坐在板凳上，每交换一次座位，就把对方所说的话重复一遍。两人把争论的话说完时，柯柯的脸红了。

写给家长

当两人发生矛盾时，朵朵妈妈没有讲道理，而是采用角色互换的方式，让他们设身处地为他人想，于是两人各自改正了自己的错误，明辨是非。**角色互换是对事物的另一种体验**，可以让人以第一人称的方式感受到对方的想法，设身处地考虑对方的行为、动机或个性需要，不管是学生还是老师都能行得通。

✾　　　✾　　　✾

一天，小伟和同学打架，把同学打得鼻青脸肿。老师问小伟："你为什么要打同学？"小伟回答说："我不打他，他就会打我。"老师又问："你认为同学之间能打架吗？"他说："我爸爸告诉我，要么就别跟同学打架，要不就先下手为强，千万别被人打。"老师一下子说不出话来。

写给家长

孩子这种是非不明的行为，正是由于家庭教育失败所造成的。对孩子一生的影响，排名第一的就是家庭教育，一个正直、开朗的家庭环境，在培养孩子是非观方面更具优势。孩子把父母当成榜样，若父母本身不正，又如何能教育出是非分明的孩子呢？

因此，家长要以坚决的态度，反复说明不良行为的危害。观念上的警戒线，是抵御侵蚀的第一道防线，有些父母为了不让孩子受到欺负，帮孩子灌输了一些错误的观念，导致孩子在是非观念上有失偏颇，处理不好就会影响孩子的身心发展。

孩子是国家的未来，是家庭的希望，因此在培养孩子时，要多花点时间、用点心思，从小就培养孩子明辨是非的能力，让孩子能拥有一个美好的明天。

Part 5

第五章
做一个有道德的人

> 在这个竞争的大时代,创造条件让孩子接受适当的磨炼,接受一定程度的打击,是帮助他独立,进而具备独立精神和奋斗力量的好途径。同时,知识不等于学识,学识不等于本事,孩子必须经过社会的锤炼,才能独当一面。

36. 礼仪礼貌，一马当先

《三字经》有云："人之初，性本善，性相近，习相远。"现在的小孩各方面都发育得很早，两三岁的孩子已经分得清你我，会模仿大人的行为，懂得别人态度的好坏，这时就应该对他们展开礼仪的训练。一个没有礼貌、举止粗俗、不尊重他人的人，在工作中很难获得同事的尊重，在生活中也很难获得友谊，因此往往不幸福。要想使孩子成为有作为的人，妈妈应教孩子从小懂礼貌、讲文明，只要妈妈教育得当，"小绅士""小淑女"就在你身边。

君君是一名小学二年级的学生。有一次，同学过生日，大家都到同学家去玩；走的时候大家都忙着拿书包、穿鞋子，只有君君一直没走。等同学们都离开了以后，君君把椅子摆好，把弄乱的东西放整齐，顿时，同学的妈妈大为惊讶和感动，这反映了一个学生良好的习惯，说明这个孩子很有教养。

写给家长

待人接物、行为举止、通达淡然都是从小逐步养成的。在教育上要一边进行能力、智力的培养，同时也要进行行为的训练。首先，教会孩子说"请"、"谢谢"、"对不起"、"没关系"等礼貌语言，父母先做好榜样，让孩子在家中适当地使用，当他忘记使用这些语言时，父母就要反复提醒、纠正。比如孩子说："我要吃樱桃，快拿给我。"你轻轻摇手，告诉他："你忘了该怎么说吗？"孩子改口："妈妈，给我一颗樱桃。""很好，还差一点。"你提醒着。"妈妈,请给我一颗樱桃。""真棒。"你把樱桃递给他:"还有一句……"孩子立即反应过来,"谢谢妈妈。"这种语言的训练过程像是在玩游戏,孩子会很乐意接受。当反复的磨合之后,就能养成礼貌的说话习惯。

古语说:"己正而后能正人。"妈妈首先要用行动做给孩子看,在日常行为中随时注意自己的言谈举止,在潜移默化中影响孩子,这样孩子就能在亲身体验和实践中理解文化、礼貌、热情的含义,在耳濡目染中,逐步形成礼貌待人的品德。

❋ ❋ ❋

妈妈带贝贝去参加朋友的聚会。餐桌上,大人们尽情地聊着,贝贝就只是光顾着吃,看哪盘好吃就一直吃,根本无视其他人的存在。有人便开玩笑地说:"这小丫头真精啊!"妈妈听了简直无地自容。在家里的时候,贝贝就是这个样子,家里人都让着她,她喜欢吃什么都等她挑完了大家才吃;不仅如此,有时候大家还帮她挑,长久下来,习惯成自然,这丢人的吃相一时之间哪里改得过来。

而贝贝的小邻居跳跳最喜欢聚会。不管是家里来客人还是到外面去做客,跳跳都很有礼貌。家里来客人的时候,跳跳会在门口迎接客人,帮客人倒茶、端水果,陪和自己年龄差不多的小客人一起玩耍等。在待客的过程中,跳跳不仅学会如何待人接物,还学会和别人相处的礼貌。

写给家长

待人接物最容易反映一个人的礼仪修养。外出做客时,要先请长辈、父母入座,等长辈动筷子后再开动,不要拿筷子在盘子里翻搅,饭桌上不能大声喧哗,不要边吃边玩。当然,这一切在平常生活中妈妈就要有意识地教孩子，否则像贝贝一样，不仅对孩子的成长不利，妈妈也会觉得丢脸。

家里有客人的时候，孩子比较容易兴奋和激动，妈妈可以引导孩子的心情，让他帮忙做一些能力所及的事，使他产生主人的情绪，这个过程也是培养孩子礼貌习惯的一个好时机。

如何接待客人，如何与客人聊天说话等，培养孩子养成礼貌、客气、谦虚的好习惯和性格，纠正一些不正确的行为。如果孩子羞涩或内向，就更应该让他和别人多接触，特别是有小客人来时，要让他们一起玩，让孩子拿出自己的玩具，学会分享和谦让。

从古至今，中国有无数的寓言、故事讲述中华传统礼仪和美德。妈妈要在平时就多让孩子接触这些故事，并让他按照这些礼仪规范自己的行为，才能让孩子从小就拥有良好的习惯。

即将进入小学的孩子模仿能力强、好奇心重，在这个时候尤其需要大人的引导，一旦养成不好的习惯，以后便很难纠正。家长可以一方面说故事，在孩子的心里灌输哪些才是好的行为，另一方面用行动帮助他养成好习惯。

当他做对了，要给予表扬，甚至奖励；如果做错了要及时纠正，并且按照对的再做一次。同时要给孩子一个好的环境，不要带他去一些容易学到不好言行的场所，因为现在他还没有辨别的能力。孩子最擅长的还是模仿，只要坚持，孩子一定会养成讲文明、懂礼貌的好习惯。

37. 诚信是立身之本

秦末有个叫季布的人，始终秉持诚信待人，因此深得人心。民间有云："得黄金百斤，不如得季布一诺。"这就是成语"一诺千金"的由来。后来他得罪了汉高祖刘邦，被悬赏捉拿，结果他旧日的朋友不仅不被重金所惑，而且冒着诛九族的危险来保护他，使他免遭于难，由此可知诚信的重要性。一个人诚实有信，自然得道多助，能获得大家的尊重和友谊。

诚实、守信就是要人做到说话行事统一，行为和心性也要一致，这样才是一个值得别人信任的人。中国人讲究"言必信，行必果""一言既出，驷马难追"，说明了中华民族诚实守信的一面。愚公之诚可移山，精卫之诚能填海，诚实守信，就是一笔人生的财富，它可以拒绝缤纷的诱惑，可以摒弃心中的那份浮躁，守住自己心灵那片净土。

每个妈妈都希望孩子能做到诚信，但是，面对孩子说一套做一套的行为，常常是既生气又着急。其实只要妈妈以身作则，其一言一行必然对孩子带来巨大的影响。

曾参是春秋末年鲁国有名的思想家、儒学家，也是孔子门生中七十二贤之一。他博学多才，并且十分注重修身养性，德行高尚。有一次，他的孩子非要跟着妻子到市集去，曾参的妻子为了哄孩子，便说："你在家好好玩，等妈妈回来，再将家里的猪杀了煮给你吃。"孩子听了非常高兴，便依从母亲，不再吵着要去市集。

其实，曾参的妻子根本就没有想过要真的杀猪。等她回家一看，曾参却真的把家里的一头猪杀了。妻子不高兴地说："我是骗孩子的，你怎么当真呢？"曾参说："孩子是不能欺骗的。他年纪小，不懂世事，只得学习别人的样子，尤其是以父母作为生活的榜样。今天你欺骗孩子，玷污了他的心灵，明天孩子就会欺骗你、欺骗别人；今天你在孩子面前言而无信，明天孩子就会不再信任你！"

曾参这种诚信的行为直接感染了儿子。一天晚上，儿子刚上床又突然跑出去，手里拿着一束竹简。曾参问他做什么，儿子回答："我从朋友那里借书简时说好要今天还。虽然现在很晚了，但再晚也要还给他，我不能言而无信呀！"曾参看着儿子跑出门，会心地笑了。

写给家长

孩子学到的东西很少，很多习惯都还没有养成，很容易模仿周围的人。如果妈妈答应孩子要去做某一件事，就一定要做到，就算临时有事，也要先考虑事情重不重要。如果不重要，就要坚守诺言；如果事情真的很重要，一定要向孩子说明情况，并争取日后补上。应该尽量避免延迟或失约的事情发生，一旦妈妈做到诚实守信，要教育好孩子绝不是一件难事。

有些时候，孩子说谎是为了自我保护，怕犯错受到惩罚，面对这种情况，妈妈在处理问题时，应该给予多一点的宽容。

❈　　　❈　　　❈

军军和淘淘两家是邻居，两个孩子常在一块玩。有一天，两个孩子在小区的空地上踢足球，你追我赶的过程中，弄坏了一楼的窗户；两个孩子都非常害怕，忐忑地各自回家。事后，一楼住户听到旁人的议论，分别找到军军和淘淘的家中。军军虽然心里害怕，但是承认了自己的错误，并且拿出自己的储蓄罐，把平时存的钱都拿出来，赔给一楼住户。妈妈知道后不仅没有责怪军军，还表扬军军做得对，做错事勇于承担，最重要的是没有说谎，并且懂得赔偿。而淘淘妈妈知道事情真相后，狠狠地打了淘淘一顿，指责淘淘不听话，竟然弄坏别人窗户。从此以后，淘淘变得沉默寡言，一旦做错事，也不敢承认，而是一味的推托责任。

写给家长

为了让孩子能够学习自己判断是非、知道善恶，孩子犯错要给予适当的批评，并对孩子的心理和行为负责。当孩子承认错误时，不能加重责备，应该要表扬他勇于承认错误的行为，这种表扬可以巩固孩子说实话的美德，同时对孩子勇于改正错误也极有好处。

在孩子承认错误以后，妈妈要和孩子一起检讨，并一起商量解决的办法。 这样可以帮助孩子养成勇于面对的好习惯，犯错之后应该思考如何弥补和解救，而不是一味地逃避。

当然，现在的家庭几乎都是独生子女，有些孩子的脾气比较大，有可能出现屡教不改的现象。面对这种现象，进行适当的惩罚也是解决问题的一种方法。

❋　　　❋　　　❋

璐璐是家里的独生女，想得到什么就一定要得到。读小学后，妈妈为了规范她良好的生活习惯，限制给她的零用钱，为了得到玩具和零食，璐璐便经常谎称学校要缴纳其他费用，向妈妈要钱。后来，妈妈得知真相后，便询问璐璐。谁知璐璐很干脆地回答，确实缴纳了费用。为了纠正璐璐的说谎行为，妈妈再也不给璐璐零用钱，并对她说："你什么时候对妈妈说实话，妈妈就什么时候再给你零用钱。"第二天，璐璐忍着，没有承认。第三天，璐璐还是不承认。到了第四天，璐璐终于觉得没有零用钱太难受，便向妈妈承认错误，妈妈趁机对她进行教育，告诉她做人要诚实的道理。璐璐于是立下保证书，以后再也不说谎骗钱。

写给家长

璐璐妈妈这种为"戒"而"罚"，是一种最棘手和带有风险的爱，因为读小学的孩子容易对施加惩戒的人产生抵触心理。但是，如果你的惩戒出于爱心，又执行得合理、巧妙，孩子会受益良多，并心悦诚服。

诚信是一种难以养成的高尚品德，即使才华出众、能力超群的人，也不一定是值得信赖的人，**只有从小坚持诚信的行为，才能养成高尚的品德，而获得他人的尊重。** 诚信是立身之本，是一个人最宝贵的财产，它能让孩子正直、善良、脚踏实地，还能给孩子力量和耐力。

38. 关爱他人才能更爱自己

小学二年级的孩子出去郊游。

"老师，小洁把肉扔到我碗里。"一个男孩子叫喊。老师过去一看，原来小洁扔了几块肥肉在男同学的碗里。老师问她为什么这么做，小洁说："我只想吃瘦肉，不想吃肥肉。""那你为什么把肥肉给同学呢？""因为平时在家里都是妈妈吃肥肉。"老师陷入了沉思。

写给家长

小洁的行为无疑是妈妈过度溺爱的结果。在溺爱中长大的孩子，会认为这世上所有人为他付出都是理所当然的，自己不会有半分感恩，自私自利，完全不会站在别人的立场上思考问题。孩子的关爱之心是需要培养的，是要靠父母身体力行去熏陶，而不是事事纵容。不要让孩子养成衣来伸手，饭来张口的坏习惯，只有勤快的孩子才会懂事，知道关心体贴别人。

妈妈要学会分析孩子，不能事事包办。小洁曾说，她有好吃的糖果，诚心诚意地邀请妈妈一起吃，可是妈妈却坚决推辞，这种情况出现过好几次，渐渐的，小洁就没有谦让与分享的概念。舐犊之情，无可厚非，但一味地惯宠孩子，让他们看不见自己的付出，把享受最好的东西当成理所当然，便会让孩子变成冷漠、没有爱心的人。

❋　　　❋　　　❋

球球的家永远都是硝烟弥漫，因为他们家比较穷，父母每天为了生活辛苦奔波，以至于忘记了他们曾经有过爱。如今在球球父母的世界里，除了抱怨还是抱怨，他们甚至忘记了球球已经上小学懂事了，他们也忘记了自己的行为会给球球带来恶劣的影响。在球球眼里，爸爸妈妈从来没有关心过对方，所以球球不知道应该怎么关心别人。同学的东西掉了，他不会帮忙捡，因为爸爸妈妈没教。这样的例子还有很多，所以球球没有朋友，他觉得很孤独。

写给家长

父母是孩子的榜样，如果家里充满了父母的争吵、责怪，都会在孩子的心里留下难以磨灭的阴影。在这样扭曲环境中长大的孩子，内心充满恐惧，孩子周围没有关心他的人，又怎么能希望孩子去关爱别人呢？充满温馨的家庭环境，对培养孩子的爱心能产生潜移默化的作用，所以家庭成员之间要互相关心，特别是夫妻之间要恩爱、相互体贴。

❈　　　❈　　　❈

上课的时候，教室里突然传来一声尖叫，原来小雪流鼻血了，这时老师看见好几个孩子拿出卫生纸给小雪擦鼻血，没有带卫生纸的同学也围在小雪周围关心她的情况。看到这样的情况，老师感到很欣慰。

写给家长

孩子之间的互相关爱需要一种带动。当孩子需要帮助，只要旁边有一个孩子站出来，对其他孩子就是一种带动作用，自然的，其他孩子也会站出来关心需要帮助的孩子。倘若学校和老师共同努力，相信培养孩子关爱他人的品德一点都不困难。

❈　　　❈　　　❈

小静上小学了，可是每天早上都不愿意起床。无论妈妈怎么哄，她还是一样磨蹭,这种情况持续了好几个月。有一天,妈妈又叫小静起床,小静还是一样赖床;妈妈发火了,对着小静吼:"我也想睡懒觉,可是没有办法,我得去上班赚钱给你缴学费,你明白吗?"吼完以后妈妈很后悔,觉得不该对女儿发脾气。可是奇迹发生了,小静迅速从床上爬起来,在没有妈妈帮助的情况下穿好衣服。从那天开始,她再也没有赖床,只要妈妈一喊,她就会马上爬起来。她还会对外人说:"妈妈赚钱很辛苦,所以我要乖乖听话!"

写给家长

很少有人在孩子面前表露自己真实的情绪,一方面是希望在孩子面前建立完美的形象,另一方面是不想让孩子过早知道生活的不易,其实这是错误的。孩子长大以后,总会面临各式各样的挫折,小时候不知道真实的生活是什么样子,长大了便不懂得珍惜。所以家长不要刻意地去掩盖生活的另一面,就如我们了解孩子的喜怒哀乐一样,让孩子学着承担我们的喜怒哀乐,这样他才会懂得珍惜现在的生活,才会关心别人。

39. 勤奋的笨鸟与骄傲的兔子

1877年冬天,一场大雪降在美国。莱特兄弟坐在山坡上,看着白雪皑皑的世界,弟弟对哥哥说:"要是人也可以像鸟儿一样在天上飞,该有多好。"

十几年过去了,已经是自行车工厂老板的莱特兄弟,依然没有忘记儿时的梦想,并且一直在不断地尝试。周围的人都觉得奇怪,为什么放着好好的老板不做,要做这些毫无意义的事情呢?汽车制造商也对他们的行为嗤之以鼻："怎么可能造出让人在天上飞的机器呢？简直就是痴人说梦。"

1903年12月17日，莱特兄弟制造的第一架飞机——"飞鸟"一号，终于出现在人们的面前。它摇摇晃晃地在空中飞了四次，最后一次由哥哥驾驶，在59秒的时间里飞行了260米。

这是人类历史上第一次驾驶飞机飞行成功，当时连报社都不相信，不愿发布消息。直到莱特兄弟制造出能乘坐两人的飞机，并且在空中飞了一个多小时，这个消息才传开。

消息传开后，人们再也抑制不住激动的心情，昂首天空，呼唤着莱特兄弟的名字，多少人的梦想终于变为现实。

1908年，莱特兄弟创办了一家飞行公司，从此，飞机成为人们另一种先进的交通工具。莱特兄弟将自己的一生都献给了航空事业，被人们誉为航空奠基者。

笨鸟可以飞越太平洋，到温暖的地方去过冬，兔子却输给了条件不如自己的乌龟。

生活中的笨鸟不多，兔子却不少。

天才是偶然冒出的火花，勤奋才是助燃剂。有了勤奋，天赋才能表现出本身的价值，才能让人生之花开得鲜艳夺目。

有一个少年天资聪颖，12岁就会微积分，被人称为神童，被一所大学破格录取。

可是在大学里，当一般的大学生去上课时，他认为这些东西他都会，根本不需要在教室里浪费时光，于是他终日在校园里闲逛，成绩很快一落千丈。

不得已，老师只好让他休学，一年后再复学。谁知他又故态复萌，狂妄地认为在大学里学不到什么，经常拿气枪在校园里"巡猎"，最后学校只得让他退学。退学后，他又尝试着进入其他学校，可是都因为狂妄自大而被学校劝退。

最后这位少年变成了油漆工，从此结束了"神童"的生涯。

写给家长

如果把人生比作一场赛跑,若一个人有某些方面的天赋,他只是在起跑线上赢了一小步。而人生就像是四万多米的马拉松,想成功夺标还需要耐力和意志力;勤奋是点燃"双动力"的强力引擎,骄傲是赛场上的栏架,总有一次会将你绊倒。

❋　　　❋　　　❋

三国时东吴的名将吕蒙,年轻时就骁勇善战,深受孙权的器重。以鲁肃为首的一帮谋士却认为吕蒙没有学问,没有头脑,都瞧不起他,并轻蔑地称他为"吴下阿蒙"。

孙权要吕蒙多读书,吕蒙却认为军中事务多,没有时间读书。孙权耐心地劝吕蒙:"我年轻时就读过四书五经,觉得大有收益。你思想聪颖,学习一定会有所受益,为什么不读书呢?孔子说得好,整天不吃饭、不睡觉空想,不会有什么收获,还不如踏实地学习。光武帝刘秀打仗之余,手里总是拿着书,连曹操都说他愈老愈爱学习,你为什么不能鞭策自己去学习呢?"

从此,吕蒙开始专心勤奋的学习,鲁肃称赞他"士别三日,刮目相看"。

写给家长

俗话说:"一勤天下无难事""勤能补拙"。只要珍惜时间,勤于学习,即使天资差,基础弱,同样也可以"弄拙成巧"。

❋　　　❋　　　❋

爱迪生本来是一个智力普通的人,但在他一生中却有1 000多项发明。其中最费苦心的,是蓄电池的发明。

当时大家都认为,能用铅和硫酸来制造蓄电池已经是人类文明的一大进步，没有其他的改进空间。但是爱迪生却认为这种蓄电池蓄电时间太短，并暗下决心，要攻克这个难关。

爱迪生和他的助手们夜以继日地做实验，苦战三年，试用了几千种材料，做了四万多次实验，可是依然没有什么收获。冷言冷语不断向他袭来："请问尊敬的发明家，您花了三年时间，做了四万多次实验，有什么收获？"爱迪生笑笑说："收获很大，我们已经知道有好几千种材料不能用来做蓄电池。"

1904年，爱迪生终于用氢氧化钠溶液代替硫酸，用镍、铁代替铅，制造世界上第一个镍铁电池。当助手们开始庆祝的时候，爱迪生保持冷静，小心求证。直到1909年，经过严格的考验，不断的改进后，爱迪生才向世人宣布：他已经成功研制出性能良好的镍铁电池。

爱迪生为此付出了十年的光阴和五万次的实验，为感谢他付出的辛勤劳动，人们将镍铁电池叫做"爱迪生蓄电池"。

写给家长

世界上的普通人很多，天才却只有几个。天才和普通人之间的区别，不是因为天赋，而是因为长期锲而不舍的坚持，所以天才的造就，就像爱迪生所说的是百分之一的天赋，加上百分之九十九的汗水。

40. 五千年的孝顺美德

东汉时有一个人叫黄香，家境困难。在他十岁时失去了母亲，父亲又体弱多病。为了好好照顾父亲，在闷热的夏天时，黄香会在睡前用扇子驱赶蚊子，扇凉父亲睡觉的床和枕头，好让父亲更容易入睡；寒冷的冬夜，他先钻进冰冷的被窝，用自己的身体焐热被子之后才让父亲睡。冬天，他穿不起棉袄,但是为了不让父亲伤心,他从来不叫冷,表现出精神抖擞的样子,尽量在家中制造出欢乐的气氛,好让父亲宽心,早日康复。

"孝道"是中华民族传统文化的精粹,也是人类最高贵的感情,因此有"百善孝为先"的说法,意思是在所有美德中,孝敬长辈是最重要、最基本的美德。中华民族自古就是一个礼仪之邦,孝敬父母是中华民族的传统美德,是衡量一个人为人处世的基本标准,它表现了最根本的人性和道德观念。在家里能孝敬父母、长辈,在外面才有可能关心同学,因此妈妈们千万不要忽视培养孩子尊敬父母长辈的好习惯。

唐朝有个人叫杨乞,家境贫寒,但十分孝顺。杨乞讨饭得来的食物,他都不会先吃,都是带回家中给他的父母;如果父母没有吃,就算杨乞再饿也不会先吃。如果乞讨到酒,他就跪着把酒捧给父母,等父母接过酒后,他就马上站起来唱歌跳舞,就像小孩子一样,使父母快乐。

有人可怜杨乞穷困,又被他的孝心感动,劝他到别人家里打工,用所得的收入来赡养双亲。杨乞回答说:"父母年纪大了,如果去打工,离家太远,我就不能及时侍奉他们。"听到的人都觉得杨乞真的是个孝子。

后来杨乞的父母去世,他又乞讨棺木将父母安葬,每个月都会拿食物到父母墓前去祭拜。

写给家长

人生几十年,能和生养我们、疼爱我们的父母一起度过的时光其实并不长。有句古谚:"子欲养,而亲不在",意思是说,当我们想对父母尽孝道的时候,也许父母都已经不在了,所以应当教育孩子珍惜时光,孝敬自己的父母。

孝敬长辈,回报父母,并不是要做惊天动地的事情,孩子们只要平时多注意,从身边的小事做起,一点一滴累积,就完全可以尽到对父母的孝敬之心。帮妈妈倒杯水、捶背，帮爸爸做家务事，在他们生病的时候端水送药，在和父母争吵后主动向他们承认错误，这些都能让父母得到满足。

❋　　　　❋　　　　❋

1994年2月，德国北部城市科布伦兹的伊特洛孤儿院有一个孤儿叫德比。德比经常伤心地问修女："我的父母为什么不要我，他们是不是不爱我？"

修女回答说："虽然我没有见过你的妈妈，但我相信她一定是爱你的，世界上没有不爱孩子的母亲。当年你母亲之所以抛弃你，一定是很无奈的。"

为了表达对母亲的爱，德比决定每当他帮助一个人，就请求受助人再去帮助另外十个人。他想以这种传递爱心的方式，让自己的母亲有一天也会成为被帮助的对象。

孤儿德比对母亲深沉的爱感动了整个德国，人们掀起了"十件好事"的行动，然而不幸的是，德比却遇刺身亡。

在他弥留之际，无数的德国母亲假扮德比的母亲来陪伴他。爱如潮水，在每一个人的心房流动。

写给家长

"谁言寸草心，报得三春晖。"父母给我们生命，哺育我们成长。父母的养育之恩，终生都应该报答。

孝敬父母、尊敬长辈，是天经地义的美德，也是做人的本分。"老吾老，以及人之老"，应该教育孩子不仅要孝敬自己的父母，还应该尊敬别的长辈，营造出尊敬长辈的淳厚民风，这是每一位妈妈的责任。

❋　　　　❋　　　　❋

从前有两个国王，迦尸王和比提酰王，他们两个国家经常发生战争，比提酰王因为拥有一头力大无穷的香象，总是打败迦尸王的军队。迦尸王为了报仇，也在山里捉到一头香象。

国王为它盖了一个漂亮的屋子，还给它上好的食物，可是香象却始终不愿意吃东西。

迦尸王非常着急，问这头香象："你为什么不吃东西呢？"

香象回答："我的父母住在山里，年纪又老，眼睛也瞎了，没有办法自己去找东西来吃，只要想到这里，我就难过得吃不下东西。大王，请您把我放回去孝养父母，等将来父母老死了，我会主动回来为大王效命。"

迦尸王听了很感动，便放这头香象回到山中，同时发布一条命令：全国人民都要孝敬父母，如果有不孝顺的人，一定重重惩罚。

写给家长

俗话说，没有规矩不成方圆。在家庭中，妈妈应该让孩子知道，什么是应该做的、什么是不能做的，这样才能用正确的言行规范自己。妈妈可以为孩子设立"四要""四不要"的孝道家规。

"四要"是要尊重妈妈、要了解妈妈、要关心妈妈、要体贴妈妈；"四不要"是不要影响妈妈工作与休息、不要惹妈妈生气、不要和妈妈顶撞、不要独占独享。

41. 吃得苦中苦，铁杵磨成绣花针

走在街上，经常会看到这样的场面：孩子摔倒了，只是弄脏衣服，家人就大惊小怪地喊："宝贝，哪里摔着没有？手疼不疼，脚还能走吧？"虽然是大孩子，却还是娇气十足，没走几步路就要爸爸妈妈抱；稍微受点委屈，

家长就蜂拥而至,恨不得代替孩子;零用钱也是一给再给,就怕孩子不够。

现在孩子很少吃苦,家长不让他们吃苦,孩子就吃不了苦,或者根本不能吃苦。俗话说,不经风雨长不成大树,不经风雨见不了彩虹,不吃苦的孩子就像温室里长大的花朵,见不得阳光,禁不起风雨。

现在这个时代,想要在社会上立足,不仅要有知识和智能,更需要坚强的意志和毅力。如果不具备坚韧的性格和不怕吃苦受累的心理准备,就不可能在竞争激烈的环境中取胜。

吃苦,并不是简单的身体磨炼,体验劳动的艰辛,更是一种精神,对痛苦、挫折的忍耐力和勤奋精神。

竞争需要磨难,吃苦也是财富。

在国外流行"吃苦教育"。

美国一些学校特别规定:学生必须不带分文,独立谋生一周才能毕业。美国青少年从小就要打工赚钱,男孩子12岁以后会帮邻居剪草、送报赚零用钱,女孩子则做保姆打工。

德国的法律规定,孩子到14岁就要在家里承担一些义务,比如:擦皮鞋、洗碗、做家事等。

在日本有句教育孩子的名言:除了阳光和空气是大自然的赐予,其他一切都要通过劳动获得。日本学生克勤克俭,会自己赚取生活费,比如到商店打工、到餐馆端盘子、到街上发传单、当家教等等。即使在孩子很小的时候,父母都会灌输给他们一种思想:不给别人添麻烦,全家人外出旅行,不论多么小的孩子,都无一例外的自己背包。

写给家长

让孩子学会吃苦是家长的责任,也是义务,因为没有经历过吃苦,孩子就无法独立生存、适应社会。特别是在孩子的成长阶段,吃苦经历是他们成长的养分，在往后的人生，这种养分将会有无穷的价值。

❊　　　　❊　　　　❊

著名的华人企业家王永庆从小就对儿子非常严格，从小就培养他吃苦耐劳的习惯和独立自主的人格。

当儿子13岁的时候，就被送到国外读书，王永庆仅提供必要的生活开销，更多时候还要他自己打工赚钱。因为年纪小，又是低年级学生，儿子常被欺负，王永庆写信给儿子，鼓励他坚持下去，且儿子最后也获得了同学的尊重。

即使儿子拿到硕士、博士的双学位毕业之后，王永庆也没有让儿子进入自己的公司。而是让他自己去找一份工作自力更生，连儿子买车的钱都是儿子自己赚的。

写给家长

在这个竞争的大时代，创造条件让孩子接受适当的磨炼，接受一定程度的打击，是帮助他独立，进而具备独立精神和奋斗力量的好途径。同时，知识不等于学识，学识不等于本事，孩子必须经过社会的锤炼，才能独当一面。

❊　　　　❊　　　　❊

有一个父亲带着儿子骑三轮车，在一个月的时间里骑行了近一千公里。

白天无论晴天阴天，还是刮风下雨都要赶路，父子俩轮流骑。在上坡的时候，父亲在前面拉，儿子必须负责在后面推，因为三轮车和行李加起来一共有100多公斤重，有时路太颠簸，儿子还因此受伤。

一路上除了有亲戚朋友招待住宿外，父子俩大约还有14天的时间露宿在外。三轮车白天是父子俩的交通工具，到了晚上则是他们的"帐篷"。

铺上几块木板，架上一块塑料布，摊开一床棉被，刚好可容纳两人并排躺下。有一天下雨，儿子熟睡后又把被子踢到地上，父子俩因此盖了两晚的湿被子。

儿子的功课虽然落后了，他却认识了蚂蟥，也能区分荔枝和桂圆。父亲说，功课可以弥补，但这一路上的所见所闻，却是大学教育也学不到的。

写给家长

爱是一门学问，父母之爱更是高深的学问，在对孩子的教育上，金钱与成才往往没有必然的联系。有时让孩子学会吃苦，进行必要的苦难教育，反而能得到意外的收获。古人说："吃苦贵在先。"人在幼年时期受困难磨炼，才能认识社会，感悟人生，懂得幸福生活来之不易，如此才能坚定奋发图强的信心，经得起人生的大风大浪。

42. 开源也得节流

小玉在上五年级的时候，爸爸的事业出现危机，她从妈妈的脸上读到了伤悲。小玉觉得自己长大了，应该为家庭担负起一份责任。

小玉拿1000元钱给妈妈，妈妈奇怪地问，这1000元钱是哪里来的？

小玉说："这1000元有你给的500元零用钱，我只用了300元，另外还有打工赚到的800元。"

妈妈惊讶地看着小玉。

"妈妈，你放心，我都是周末下午才去快餐店打工，没有影响学习。"

"这个星期你只用了300元钱？你不是说这个星期你们交了班费，还要买参考书吗？"

"那个参考书我是在网络上买的,要比在书店买便宜一半。"

妈妈立刻将小玉搂在怀里。

"妈妈,我长大了,你不要担心。"小玉说。

生活是一块蛋糕,开源就是广开财路,把蛋糕做大;节流则是杜绝浪费、减少开支,把每一块蛋糕都用到最急需的地方,让效用最大化。

开源,要和节流并重。节流是基础,量入为出,赚1元花2元,毕竟不是长久之计;开源是根本,若是坐吃山空,再大的蛋糕也会有吃光的时候。

楚楚的家庭环境不错,平时用钱过于大方,妈妈决定让楚楚改掉这个坏毛病。

妈妈给楚楚一个小本子,让她把每天用掉的钱记在本子上。每当用掉一笔钱就记下来,用多少钱、做什么,然后每天晚上拿出来看一看。

某天妈妈把楚楚叫到身边,指着记账簿问她:"楚楚,你算过没有,今天一天你就用了500元。"

"哪有这么多?"楚楚不相信。

"你看，买零食、彩色笔就用了不少钱，还买礼物给朋友，什么礼物要300多元啊？"

"是一个八音盒，送给朋友的生日礼物。"

"你们现在都是学生，没有经济来源，就算以后长大能赚钱，也不要太铺张浪费。还有你的彩色笔，用完了重新买笔芯就好了，没有必要再买笔。"

妈妈又翻到前几页，说："你看，这个星期每一天，你的花费差不多都要200元，一个星期总共花掉1685元。吃饭、穿衣还是妈妈付钱，你想想，你会不会花太多了？"

楚楚点点头，说："我没有想过居然花了这么多钱，以后一定会节省。"

写给家长

小孩子对金钱的概念很淡薄，常常花钱却不知道花在哪里，到底该不该花。妈妈可以帮助孩子建立消费观念，通过记账的方式，让孩子清楚自己用掉的每一分钱，建立金钱观念，培养节约意识。

❊　　　　❊　　　　❊

冬冬看上一个变形金刚，可是翻遍钱包，把所有压岁钱和零用钱加起来仍然不够，没有办法，最后只得去求妈妈。

"妈妈，我想买变形金刚，你买一个给我好不好？"

"你的压岁钱呢？"

"不够。"

"还差多少？"

"370元。"

"这样好了，妈妈给你一个赚钱的机会，用你的劳动所得去买变形金刚。"

"好。"冬冬很快地点头。

妈妈给冬冬的赚钱机会，就是饭后洗碗和周末打扫家里。

为了变形金刚，原来吃完饭就坐在沙发上看卡通片的冬冬穿起围裙洗碗，周末有小朋友约冬冬出去踢球，冬冬也要做完"工作"才出去玩。

一个星期后，冬冬把变形金刚捧在手里，格外珍惜。

写给家长

很多人都认为孩子还不能独立的时候，家长有责任也有义务为孩子花钱，以致孩子不懂得劳动的辛苦，自然对金钱就不懂得珍惜。妈妈不妨提前让孩子通过自己的劳动获得报酬，自己赚钱自己花，体验要劳动才有所得的快乐。

❋　　　　❋　　　　❋

叮叮马上要上五年级了，可是对用钱一点规划也没有。妈妈一个星期给叮叮一次零用钱，通常才到了星期三，叮叮就把钱用光，然后再伸手向妈妈要钱。

妈妈决定培养叮叮的理财能力，于是对他说："叮叮，我们来次货币变革怎么样？"

"是要多给我零用钱吗？"叮叮喜滋滋地问。

"是的，妈妈决定把一学期的零用钱一次给你，怎么花你自己规划，在下学期来临之前，妈妈不会再给你半毛钱。如果到时候花光了，老师要你买参考书的话，妈妈也不管。当然，你可以自己去赚钱，但前提是不影响正常的课业学习。"

叮叮吐吐舌头，嘴里开始自言自语："哇，这么多钱可以买PSP了，可是这样就没有钱了，朋友过生日怎么办，买学习用具也不行。不行，上午老师不是才介绍一本好的参考书吗……"

看来，怎么花钱还真成了叮叮伤脑筋的事。

写给家长

孩子花钱的标准常是以父母所给的多寡为准绳，给多就用多，给少就用少，缺乏规划，如果没钱再伸手向父母要。妈妈让孩子决定该如何分配，孩子自然就会把钱用在刀口上，无形中教会孩子开源节流。

43. 宽容之心装得下整个世界

有一个孩子，有一次独自站在山谷里，向对面的大山大声叫："喂！喂！"大山也立即回应他："喂！喂！"

他又叫："你是谁？"大山回答："你是谁？"

孩子想，对面会是谁这么没礼貌呢？于是他尖声大叫："你是个大笨蛋！"立刻又从山那边传来"你是个大笨蛋！"的回答。

孩子十分愤怒，回家对母亲说这件事。母亲对他说："孩子呀，那是你做得不对。如果你恭恭敬敬地对它说话，它就会和和气气的对待你。"

第二天，孩子半信半疑的又跑到山谷里，向大山喊道："你好，很高兴认识你。"大山果然也回答他："你好，很高兴认识你。"

这位妈妈教育孩子有自己独到的办法，她能把握机会教育孩子在生活中应该怎样待人。孩子一旦学会善待他人，就学会了宽容别人，因为孩子已经有一颗友善、宽容的心，很自然的，孩子也就会在日常生活中宽恕他人。

在教孩子宽恕他人的时候，父母不妨通过设身处地的方法，教育孩子经常问自己："要是我处在这种情况下，我会怎么想？又会怎么做呢？""我现在应该为他做什么，他的心里会感觉好受一些呢？"这样，孩子往往会看到问题的另一面，跳出自我的框框，多想想别人的感受，学会对其他小朋友多一点忍让，多一份关心，这样别人遇事也会宽容自己，体谅自己，为自己着想。事实上，只要孩子学会了宽容，他就会赢得朋友，就会真正体会生活的快乐。

战国时期的赵国名臣蔺相如和廉颇，两人一文一武。廉颇最初对蔺相如很不服气，觉得蔺相如只会说几句好听的话，地位反而比自己出生入死为赵国拼命打仗还高，于是常给蔺相如和他的手下难堪。

蔺相如的手下受不了，蔺相如却心平气和地说："秦国不敢来打赵国，就是因为赵国文官武将一条心。我们两人好比是两只老虎，两只老虎要是打起来，不免有一方会受伤，甚至死掉，这就给秦国造成了进攻赵国的好机会。国家的事要紧，还是私人的面子重要？"

廉颇知道后惭愧极了，背着荆条向蔺相如请罪。蔺相如不仅没有鞭打廉颇，还扶起廉颇，拉着他的手请他坐下来。蔺相如和廉颇从此成了很好的朋友，两个人文武同心，秦国因此更不敢欺侮赵国。

写给家长

中国有句古话："金无足赤，人无完人。"每个人都有缺点和不足。如果执着于别人过去的错误，就会形成思想包袱，对人总是不信任、耿耿于怀、放不开。

对于同学的缺点和不足没有必要事事计较，什么都要求公平合理，退一步海阔天空。如果试着原谅、宽容和理解，能为自己多找到一份好心境，何乐而不为？

❋　　　❋　　　❋

在澳大利亚某座岛上的一个网球场，一位满脸歉意的工作人员正在安慰一个四岁的小女孩，因为那天上儿童网球课的孩子很多，这位工作人员一时疏忽,在网球课结束以后,把小女孩留在网球场。等她发现人数不对时才赶紧跑到网球场,小女孩因为已经受到惊吓而哭得精疲力竭。

小女孩的妈妈闻讯赶来后,安慰自己的女儿:"已经没事了,那位姐姐不是故意扔下你不管,她因为找不到你感到非常紧张难过,你应该亲亲姐姐,安慰她一下。"

小女孩跑到工作人员身边,亲了亲俯下身的工作人员的脸颊,并对她说:"不要难过,已经没事了。"

写给家长

妈妈是孩子的镜子。孩子最初是从妈妈那里模仿待人接物的方式,从他们还不明白那些意义的时候开始。如果妈妈宽容、大度,孩子就会模仿到宽容与大度;如果妈妈小气、计较、心胸狭隘,孩子同样也是如此,甚至更过分。如果他人不小心犯错,也不要用责备或报复的方式来解决,而是应该告诉孩子,其实大家都难免会犯这样的无心之错,只要下次小心就可以了。从孩子原谅他人的错误开始,用宽容的心去引导他,让孩子知道,解决问题的办法除了批评、惩罚以外,还有宽容。

❉ ❉ ❉

有一个男孩脾气不太好,他的父亲就给了他一袋钉子,并且告诉他,每当他发脾气的时候,就钉一根钉子在后院的篱笆上。

第一天,这个男孩钉下37根钉子;第二天,他钉下30根钉子,慢慢的,每天钉钉子的数量减少了。

终于有一天,男孩发现控制自己的脾气要比钉那些钉子容易,于是他再也没有失去耐性乱发脾气。这时父亲又告诉他,从现在开始,每当他能控制住自己脾气的时候,就拔出一根钉子。

当男孩终于把所有钉子都拔出来的时候,父亲指着篱笆对他说:"孩子,

你做得很好。但是你看看那些篱笆上的洞,这些因为你生气留下的洞,让篱笆再也不能恢复到原来的样子。你生气的时候说的话、做的事,都将像这些钉子一样留下疤痕,不管事后说多少次对不起,那个伤口都一直存在。"

写给家长

　　人与人之间常因为一些连自己都无法解释的误会,而造成永远的伤害。其实当你心怀怨恨的时候,就像抱着一颗炸弹,天天都无法安睡,不如宽容别人,也相当于解救了自己。

Part 6
第六章
了解生活的真谛

> 很多时候家长埋怨孩子不听话，讲多少道理孩子都听不进去。这时，家长对于孩子的要求不要一味地拒绝，不如给他一次机会当家，亲自安排家庭的开支和活动，比起说很多道理来得更实际。这样既可以让孩子了解家长经营家庭的不易，让孩子在"当家"的过程中得到磨炼。

44. 健康的金钱观决定未来成就

大多数在城市出生的孩子都是独生子女,几乎没有体验过生活拮据的滋味。在他们眼里,只要缺少什么、喜欢什么,父母或者长辈就一定会买给他们;甚至有时候孩子还没有开口,父母已经买好了。在这些孩子的观念里,钱是与生俱来的。

镜头一:王女士介绍,孩子读小学六年级,元旦放假三天,孩子每天坐在计算机前玩网络游戏。饿了、想上厕所才离开一会儿,王女士看不过去,要去关网络,儿子对她大吼:"你关了网络我就不上学!"

镜头二:李女士在路上听到两个小学生模样的小女孩在讨论:"我的衣服都过时了,需要再充值来买些衣服。""我也是,你打算买多少?""我这里有1000元,打算全部拿来买。""那我也回去向我妈妈要1000元买衣服,还要把空间重新装潢一下!"说完,两个小女孩蹦蹦跳跳地到便利商店充值。

像这种孩子用家长赚来的钱沉迷于网络游戏很常见,特别是在公共假期或寒暑假,功课压力不大,孩子的身心一得到放松,就很容易把精力投入到网络游戏中。面对这种情况,妈妈就要抽出时间陪孩子玩,培养孩子一些有益的兴趣,分散孩子多余的精力,比如:踏青郊游、参观博物馆、观光名胜、公益活动等,限制孩子的上网时间。

朱倩倩是班上出名的乖孩子,从不乱花钱,别的孩子常常买零食吃,可是倩倩几乎从来不买。每当问她为什么不买时,倩倩说:"爸爸妈妈赚钱不容易,我每个月要少花点零用钱。"听到这些话,您是否会感到很欣慰呢?

写给家长

有的孩子花钱如流水,是因为他们不知道家里的收支情况,若再加上父母溺爱孩子,不断满足孩子的要求,孩子根本就无法体会应该如何有计划地花钱。零食虽然单价不高,但是整体加起来的开销也很大。所以,妈妈有必要把家里的收支情况如实地告诉孩子,或者是和孩子一起算一算家里的开销,做一个收支表,这样孩子才能知道每一笔钱都要用在有用的地方,自己也会在心里盘算,哪些地方应该花钱,哪些地方浪费了。这样既能帮助孩子养成健康的金钱观,也会让孩子在花钱方面养成好习惯。

❄　　❄　　❄

开学了,同学们都有自己的新书包,小虎也不例外,不同的是,小虎的书包是用自己赚来的钱买的。可是小虎小小年纪,怎么自己赚钱买书包呢?原来,小虎在家里帮爸爸妈妈打工,打扫一次赚十元,自己洗衣服十元,擦一双鞋五元,还把平时大家不要的塑料瓶等收集起来卖,既可以赚钱又环保。

写给家长

当孩子能从父母那里得到任何他想得到的东西,那么,这些东西在他眼里都不会有任何的区别;他不会知道哪一个贵,哪一个便宜;不会知道要得到这些东西要付出多少代价、多少努力,所以家长可以尝试让孩子通过一些适当的劳动来获得报酬。比如:当孩子说他需要一辆脚踏车,这时候就可以告诉他,想得到脚踏车,他需要在接下来的一个月中,每天在小区里做两个小时的义工,这样孩子既做了有意义的事,又得到了脚踏车,最重要的是,为收获付出劳动,能让他明白得到和付出的关系。

45. 让孩子做一次"小鬼当家"

这是笔者一个朋友讲的故事。

涛涛今年九岁,因为爸爸妈妈溺爱,常常看上什么东西就非得到不可。如今物价愈来愈贵,还有涛涛的开销,让妈妈觉得负担有些沉重。妈妈告诉他有些玩具太贵,不买可以吗?可是涛涛说:"你和爸爸每个月都赚钱,为什么连玩具都不买给我?"

这时妈妈百口莫辩,便想到一个办法,让涛涛参与家中的开支。发完工资的周末,妈妈带着涛涛去银行领钱。妈妈把工资表拿给涛涛看,告诉涛涛爸爸妈妈一个月的工资总数,然后当着他的面领出工资的大部分,然后交房贷,又带着涛涛去缴电话费、管理费、水电费用。

看着妈妈的钱愈来愈少,涛涛愈来愈沉默,忍不住问妈妈:"妈妈,我们家还有钱吗？""有，但是除了生活必需品之外，我们还得预留一部分钱应急，比如说谁家办喜事，或者生病等意外状况。"涛涛似懂非懂地点点头。

到了吃饭时间，妈妈提出让涛涛买菜，安排一家人的伙食。到了超市，涛涛东看看，西看看，说："怎么每一样东西都这么贵？"妈妈指点涛涛，可以买些青菜、萝卜，但是为了营养均衡，蛋要买一些，肉也要买一些。买完菜，涛涛把剩下的零钱一张张叠好，如数交给妈妈。吃饭的时候，涛涛没有像往常一样在菜里挑来挑去，而是默默地吃完一餐饭。

后来，涛涛再也没有向妈妈提过买玩具的事。一天，涛涛心事重重地走到妈妈面前，告诉妈妈，老师为他报名英语演讲比赛，但是要交500元报名费。以前涛涛要钱的时候都是理直气壮，像现在这样小心翼翼，妈妈还是头一次看到。妈妈笑着说："有些钱，比如像这样的比赛费用，妈妈是不会心疼的，但是以后要学会节约，知道吗？"涛涛用力地点点头。

写给家长

很多时候家长埋怨孩子不听话，讲多少道理孩子都听不进去。这时，家长对于孩子的要求不要一味的拒绝，不如给他一次机会当家，亲自安排家庭的开支和活动，比起说很多道理都来得更实际。这样既可以让孩子了解家长经营家庭的不易，也可以让孩子在"当家"的过程中得到磨炼。

❋　　　　❋　　　　❋

小伟和妈妈约好某一天由小伟来当家，这一天，家里的所有东西都归小伟支配，包括爸爸妈妈在内。早上，妈妈问小伟需要多少钱来支配全家人一天的费用，小伟想了想说500元。妈妈把500元交到小伟手上的时候，小伟很高兴，大有翻身唱歌的感觉。可是，一会儿要交水电费，交完只剩下不到200元。到了中午该吃午饭时，小伟提前设计好一桌大餐，拿着100多元到超市，根本不够买大餐。于是只好吞吞口水，把大餐换成了一荤一素一汤。这样一来，晚饭的钱都不够了，小伟也实在撑不下去，大喊："当家太累了！"

写给家长

所谓"不当家不知柴米油盐贵"。所以，花些力气教会孩子良好的花钱习惯，是非常值得的，因为带来的好处会使他们受益一生。大部分人对金钱所持有的感受和看法，都是基于儿时的经历，以及家庭的价值观和信念。妈妈必须让孩子明白，金钱仅是一种工具，而金钱必须通过劳动来获得，不乱花钱、勤俭节约才是爱父母的表现。

随着人们生活水平的提高，孩子过年时候的压岁钱也愈来愈多，有的孩子过年时甚至能收到上万元的压岁钱。身为家长要帮孩子管理好这些钱，不能让孩子乱花钱，但是一味地把钱全部存起来也不好。最好是能帮助孩子制订一个管理压岁钱的计划，让孩子自己主动考虑怎么把钱花在该花的地方，培养他的主动性和自理能力。

❈　　　❈　　　❈

小沁过年的时候收到5 000元压岁钱，面对这么大一笔钱，小沁和妈妈商量后，决定存入银行。于是妈妈就拿着户口簿，用小沁的名字开一个活期账户。以前小沁的压岁钱都是存在妈妈的账户里，这时妈妈也一并将以前的压岁钱提领出来，告诉小沁："如果改存定期的话，利息会比活期多，但是存活期可以随时支配，比较方便。"小沁想一想，决定把所有的压岁钱一分为二，三分之二存定期，三分之一存活期，以便日常零花。在小沁的心里，便有了"理财"的概念。

> 写给家长

在帮助孩子管理压岁钱的时候，妈妈需要教孩子学习一些知识，比如储蓄的分类，什么叫利率等等；当然孩子不一定马上学会，立刻就能掌握，需要妈妈长期从旁灌输这些概念给孩子。另外，妈妈还需要让孩子知道为何理财？如何理财？让孩子在财产上建立起责任感，了解理财的重要性。理财对于成年人来说是一门重要的课题，即使老年人还是需要理财，从小就培养孩子的理财观念，对他的人生来说十分重要。

46. 让孩子体会劳动的艰辛

一个六岁的孩子看了"孩子帮妈妈洗脚"的公益广告之后，想为妈妈做件事，给妈妈一个惊喜，于是，他就把妈妈扔在沙发上的衣服洗干净

> 你干什么乱洗衣服？这件衣服是真丝的，你等于毁了我的衣服！

> 我只是想帮妈妈干点活。

了。本来这是一件让人感动的事，可是妈妈知道了之后却大发雷霆，因为那件衣服是真丝的，价格比较贵，必须干洗，若是水洗的话就等于毁了那件衣服。妈妈严厉地批评孩子的行为，并要孩子以后别做家务活，省得添麻烦。

写给家长

在这样家庭教育下长大的孩子，以后会变成什么样的人？可能他从此都不再做家务，一天比一天更懒惰，到时候父母要后悔也来不及了。

孩子应该从劳动中体会到生活的艰辛，同时也了解父母的艰辛，自己可以做的事情就自己做。而妈妈不要一味埋怨，可以先鼓励孩子，然后耐心地告诉她，应该怎么样会做得更好，进而让孩子在不断训练中，体会什么是责任与自理能力。

※　　※　　※

第一位步入美国内阁的华裔女性赵小兰，堪称美国当今政坛上的新星。赵女士事业上的成功，她说，基本上得益于孩童时父母给予的良好教育。

赵小兰家门前有一条长度超过35米的车道，这条车道是家里几个姐妹在父亲的带领下，自己动手铺成的。赵小兰说："那时候我们不见得喜欢。如今想来，大家一起工作、一起交流，便能体会父亲的用心良苦。"

写给家长

赵小兰父母教育她的方式，就是引导和要求孩子参与家庭的大部分事务。也许有些人会认为这样的方式有些奇怪，赵小兰父母不因为她们年龄小而溺爱，不让她们做所有的事情，而是注重培养她们自己动手、当家做主的品格，才有了今天的赵小兰。

"家园、家园，这个园地是一家人的，每个人都有责任。正由于他们贡献自己的心力，因此特别爱这个家，觉得自己是家里的一份子。家是属于自己的，特别是一家人一起工作时，更能体会到荣辱与共、同心协力，进而产生共同意识。让孩子从小做家务事，绝不是可有可无的小事情，它除了能训练孩子的动手能力、促进身体的协调发展外，还能使孩子养成务实的良好习惯，培养孩子的办事能力和团队精神，同时，也是增进家庭成员责任感和亲情的一种好方式。"这是赵小兰母亲说过的一段话，这段话值得大家深思。

✽　　　　　✽　　　　　✽

阿天上小学六年级，由于父母长年在外经商，忽略了他在成长过程中应有的教育，导致他上网成瘾，几乎荒废了学业。为了拯救阿天，妈妈帮他报名参加电视节目，让他到深山和那里的孩子一起生活一周。阿天不得不每天早上五点起床劳动，走很长的山路到小市集卖东西，这样才不至于饿肚子。一开始，阿天受不了这样的生活，很想回家，时时想念网络；渐渐的，他在劳动中体会到生活的艰辛。跟山里的孩子比起来，自己之前的生活环境犹如天堂。电视节目接近尾声的时候，阿天写了一封信给妈妈，真诚地向妈妈道歉，并立志好好学习，将来要改变山里孩子的生活状态。妈妈看完后泪流满面。

写给家长

阿天是一个比较极端的例子，也是父母在没有办法的情况下做出的决定，但是这个决定无疑是正确的，阿天在辛苦的劳动中，找到了生活的目标和动力，让妈妈倍感欣慰。在日常生活中，也可以让孩子参与类似的劳动，比如根据孩子的能力帮孩子安排固定的家务事，在安排家务时，让孩子也参与其中的决策；当孩子完成家务事时可以适当地表扬，另外再给予一点物质的奖励，但是一定要适度，并要求孩子要长期完成家事。如此坚持就可以让孩子成为一个能自理、爱活动的好孩子。

47. 大胆放手让孩子真正断奶

一位叫做推孟（Terman）的美国心理学家曾做过一项研究，他花了30年的时间，对1500名儿童进行长期的追踪。其中20%的人几乎没有取得任何成就，这一部分人与其中成就最大的20%的人相比较，推孟发现最显著的差异并不在智力方面，而在于个性的不同，成就卓著者都是毅力坚强、独立和勇往直前的人。

很多家长聚在一起聊天时，都会抱怨自己的孩子"长不大"，并认为这是因为孩子是"独生子女"，属于"先天不足"。其实任何一个孩子，不论是独生子女与否，当他身为一个"人"来到世上，并没有本质上的差异，而是在后天的社会化过程中，因为父母的教育和环境的影响，才形成了不同的人格质量和能力，这是后天塑造的结果。那么，妈妈们应该怎么做，才能让孩子真正"断奶"呢？

范范是个九岁的男孩子，因为从小身体不好，爸爸妈妈特别呵护他，捧在手里怕摔着了，含在嘴里怕化了；久而久之，范范连穿衣服、整理书包这些简单的小事都不会。暑假的时候，学校举办学生夏令营，要到外地去接受军训，范范报名了，爸爸妈妈开始的时候不放心，后来狠心就让范范去参加。半个月后范范回来，爸爸妈妈惊讶地发现，范范结实了，会自己穿衣服、系鞋带，性格也变得开朗，还愿意做很多事情。看来，让孩子出去磨炼一番是有必要的。

写给家长

孩子长不大，基本上是因为家长不恰当的教育方式。现在的家长，往往都会对孩子过分溺爱和保护，这样的孩子要"长大"很难，因为在他的周围总有一个保护罩时刻围绕着他；这个时候如果孩子有愿望，家长一定要满足，放手让孩子做力所能及的事情，不要代替他。孩子只要愿意做，妈妈就鼓励他，使他获得自信。家长的责任是为孩子创造各种独立做事的条件，不是当"拐杖"，而是当"向导"，帮助孩子强化自我意识，激发孩子的主观意识和能力。

❋　　　❋　　　❋

思思今年七岁，在外人看来，独立性还可以，不算太黏人。可是她常常说"我帮妈妈擦桌子""我帮妈妈扫地"，在她看来，这些事情本来都是妈妈应该做的，只要她做了，就是在帮妈妈。后来妈妈发现，由于平时妈妈总是用命令的语气对思思说话，导致思思看起来好像什么事都能做，实际上离开了妈妈的指示，她就什么都不会做。

写给家长

孩子的独立性并不单是指行为上独立，而是思想上的独立，比如做家务事，让孩子知道劳动是一件光荣的事情，家务事是每一个家庭成员的责任。另外，注意对孩子说话的口气和方式，要孩子做事尽量不用命令的口吻，认真听孩子讲话，使孩子感觉到你尊重他，以平等的态度对待孩子，别认为孩子小就没有自尊心。事实证明，自尊能让人更加乐意承担；受到父母充分尊重的孩子，更容易待人友善、举止大方，养成自我独立意识强的性格。

❋　　　❋　　　❋

皮皮五岁，有一次和妈妈逛街，他一个人走在前面，妈妈悄悄躲在他看不到的地方偷偷跟着他,看他有什么反应。果然,他发现妈妈不见了之后,马上变得惊慌失措,开始大声喊"妈妈",并在马路上哭起来。这个时候妈妈就现身,告诉他走路的时候要眼观六路、耳听八方,紧跟着妈妈。万一找不到妈妈,也要学会寻求帮助,找警察或可靠的人拨打家人电话等。后来有一次在商场,妈妈又故技重施,这一次,皮皮在短暂的惊慌之后马上冷静下来,喊了几声妈妈没有反应,他便到服务台寻求帮助,自始至终都没有哭。

写给家长

在培养孩子独立性的过程中,一定会遇到各式各样的困难,孩子需要家长的鼓励,而不是直接替他解决困难,也不要觉得孩子遇到困难很可怜。要知道,孩子会长大,当孩子在独立完成一件事情后,自信心会更强,情绪会更高涨。孩子未来的路要靠他们自己走,如果妈妈们爱孩子,就要从小培养他的独立性,让他自己去走未来的路。

48. "荣誉感"与"羞耻心"

读小学的囡囡整天都想着自己要怎么样,从来不过问班上的事,也不参加班上的团体活动,比如说运动会、合唱比赛等。老师问她为什么不参加,她回答:"不喜欢!"为此,她妈妈非常懊恼,不知道可以从哪里着手,培养囡囡的团体荣誉感。

荣誉感是一个人不断进步的动力,也是一种努力向上的特质。在孩子今后的人生道路上,将产生非常重要的作用。那么,孩子的荣誉感要如何培养呢?

小艾学校要举办运动会，但是她没有报名，妈妈问她为什么，她回答不喜欢，不想去。

运动会正式开始的时候，小艾还是去看了，回家的路上，她便不停地跟妈妈讲运动会上的趣事，讲到一个女同学因为赛跑没有跑进前三名而哭的时候，小艾呵呵地笑起来。

这时，妈妈没有跟她一起笑，反而平静地对小艾说："这个同学是个好孩子，你不应该笑，应该向她学习。"

小艾不明白，妈妈接着问："如果你们班得名次，你高不高兴呢？"

小艾肯定地点头，妈妈又耐心地告诉小艾，这是爱班级的表现。老师和同学不仅不会讨厌这位哭的同学，反而会因为她哭而感动。

小艾沉默很久，说："那下次得不到名次我也要哭。"

妈妈笑了，说："不一定要哭，你的字写得不错，如果你把字练得更漂亮，能贴在学校的墙报上，就是为班级争得荣誉。"

小艾充满信心地说："好，妈妈，我回家就把字练好，为班级争取荣誉！"妈妈欣慰地笑了。

写给家长

培养孩子的荣誉感要找对时机，如果小艾妈妈找的时机不对，不但可能让小艾听不进去，还会对妈妈无休止的教诲反感，所以因势利导、找对时机，才可以收到良好的教育效果。

✽　　　✽　　　✽

小强英语成绩不好，主要是因为他学习不专心，没有责任感，对作业应付了事，爸爸妈妈为此很头疼，但是由于工作的关系，也没有多余的时间去监督他学习。后来在老师的配合下，爸爸妈妈加强了对小强的监督。

有一次，小强的英语测验得了"优"，英语老师当着全班的面表扬小强。回家后，小强高兴地把成绩单拿给妈妈看，妈妈想起了和老师探讨过的方法，就鼓励他说："能获得老师的表扬，爸爸妈妈也为你高兴，这可是你自己争来的荣誉，以后可以保持吗？"

小强的自信心增强，坚定地点点头，也开始重视自己的荣誉。为了鼓励小强，妈妈还把写有"书山有路勤为径，学海无涯苦作舟"的横幅挂在小强房间，以此激励小强。

写给家长

抓住孩子的一点小进步大做文章，看起来有点小题大做，但有些时候非得这样做不可。当孩子微小的进步得到大人的认可，马上就可以树立他的自尊和自信，家长再乘胜追击，效果就会更加强烈。有荣誉感的孩子，他会珍惜自己的荣誉，主动摒弃不良的行为，向好的习惯靠近。一个班级、一个团体、甚至每个家庭，如果都具有荣誉感，那么人们将能获得强大的前进动力。

有了"荣誉感"，也不要忘了让孩子保持适当的"羞耻心"，这样才能让孩子的人格更健全。

❈　　　❈　　　❈

正华上小学四年级，常撒谎、逃课、搞破坏，令老师非常头疼。每一次犯错之后，老师都要他保证下次不会再犯，他承诺了，交了悔过书，可是下一次还是照犯不误；慢慢地，老师和家长都对他彻底失望。

写给家长

正华的这种表现正是缺乏"羞耻心"所致。因为正华常犯错，家长和老师在他还没有足够的心理准备时就让他保证，虽然承诺得快但是忘得也快,周而复始,对正华而言,做不做保证就没有什么差别。

苏霍姆林斯基说过:"你不要强迫儿童提出诺言。如果儿童自己提出什么诺言,你要耐心听,并且信任他,但同时要提醒他:'你要注意,如果自己没有信心去履行,那么提出诺言时就得慎重。'要记住,经常提出保证和诺言却又忘记它们,这是一种坏习惯,它会使一个人的心灵变得麻木不仁,说谎还不自知。"

当承诺始终不能兑现时,孩子的羞耻心便会渐渐消失,变得麻木不仁。羞耻心是对抗卑劣、丑恶强而有力的抗毒剂,具体来说,它是浮载荣誉感、良心和自尊大船的深水。孩子有了羞耻心,才会产生对错误事物的抵抗能力,矫正和预防不良的行为。

❋　　　❋　　　❋

芊芊看见同学的铅笔盒很漂亮,便偷偷放到自己的书包里,打算让妈妈买一模一样的给她。当同学发现铅笔盒不见之后,便向老师报告,老师并没有要求大家搜身,而是告诉同学请他耐心地等一天,说不定铅笔盒自己就会回来。

芊芊回到家低着头把这件事告诉妈妈,并央求妈妈不要把这件事告诉老师。妈妈先批评芊芊私自拿人家铅笔盒的行为,然后对芊芊勇于承认错误的行为给予赞扬和鼓励,并告诉芊芊:"妈妈不会把这件事告诉老师,妈妈相信你会好好处理!"本来即将发生的一场冲突就这样避免了,芊芊向同学道歉,同学也没有再提起这件事,后来两人成为好朋友。

写给家长

孩子的"羞耻心"在两三岁的时候已经开始出现,到了五岁,在同辈面前也会感到"羞愧",所以家长要注意保护孩子的羞耻心。孩子犯了错误,常要求父母"保密",家长应理解和保护这种正常而脆弱的羞耻心。相反的,伤害孩子的自尊心，久而久之，会使羞耻心逐渐淡化和泯灭，或者走向另一个极端，成为胆小、自卑、拘谨的人，有时甚至会造成"变态的自尊心"。

49. 以身作则，提供成长的好环境

当孩子不小心把花瓶打破时，有的家长不分青红皂白，对孩子就是一顿训斥："没长眼睛吗？这么大还毛手毛脚的。"而有的家长则会这样说："不要紧，碎了就碎了，花瓶不是铁做的，首先就不结实，以后多加注意就行了。"

孩子是一张白纸，要变得绚丽多彩还是扭曲灰暗，都是受父母的影响。孩子纯洁的心灵和无邪的眼睛，就像摄影机一样，能记录父母的言行举止，并不停地在大脑里回放片段。

家长是孩子的第一任老师，父母的角色常常对孩子产生启蒙的作用。在好的家庭里，父母说话和气、举止文明，孩子慢慢也会变得懂礼貌；若父母经常吵架，动手打人、张口骂人，孩子性情也会变得乖戾。

孩子和孩子之间没有天生的差别，关键是家长对他们采用什么样的教育方式，好家长是孩子的榜样，榜样的力量是无穷的。

公园里有一个跷跷板，周围有很多想玩跷跷板的孩子，大家都自动地排队。

一个戴红帽子的男孩玩了一次，却故意赖在跷跷板上不走。后面一个高高壮壮的男孩走上来，推了"红帽子"一把，说："快下来，后面的人要玩了。"

话还没说完，一个尖锐的声音从远处传来："怎么回事？为什么要推我儿子？"

说话的是一个妇女，看样子应该是"红帽子"的妈妈，她揪住那个高高壮壮的男孩："你是不是比我儿子壮就了不起，推什么推？"

　　"不好意思，这是我儿子。"一个男人火速地跑过来，把那个高高壮壮的男孩搂在怀里，对"红帽子"的妈妈说："所有孩子都是排队玩跷跷板，我儿子推你孩子是他不对，小君，快跟小朋友道歉。"

　　"对不起。"小君对"红帽子"和他的妈妈鞠躬。

　　"多玩一次跷跷板又怎么样，我孩子这么小。""红帽子"的妈妈得理不饶人。

　　"虽然是游戏，但是大家也应该遵守游戏规则啊！"

　　"我告诉你，要是把我儿子推出什么毛病来，我一定饶不了你们。"

　　"红帽子"的妈妈仍然喋喋不休，拉起儿子的手就走："儿子别怕，有没有哪里疼，疼就说，妈妈不会让你吃亏的。"

　　小君的爸爸摸摸小君的头，说："小朋友如果做得不对，要说道理给他听，不能动手，知道吗？"

　　小君点点头。

写给家长

　　孩子的模仿能力很强，但是辨别能力比较薄弱，他们不管是正确的还是错误的都爱模仿，所以父母要帮助孩子明辨是非，指出哪些是正确的，哪些是错误的；哪些可以学，哪些不可以学。父母要注意为孩子建立正确的榜样：行为端正、举止得体、通情达理。在教育孩子的时候，要注意给予正确的示范。

※　　　　※　　　　※

　　有一个小男孩一岁半开始学汉字，四岁开始上小学，八岁读初中。十年来，他阅读幼儿读物、儿童读物及名著2000多本，发表了数百篇的文章，

许多家长都向男孩的父母商讨育儿经。

男孩的父母在谈到对儿子的培养中，特别强调一点，那就是家长自身要做好表率，为孩子创造一个良好的环境。

在孩子学习的时候，夫妻从不看电视、聊天，而是和孩子一起看书、学习，提高自身素质。为了做好孩子的表率，他们不玩麻将、不说粗话、不吵架，即使对某一问题有不同看法，也从不在孩子面前争执。

写给家长

榜样的力量是无穷的。父母是孩子的启蒙老师一点都不假，父母的一言一行、一举一动，说话的轻重、感情，孩子都会模仿，不会有什么两样，甚至连逻辑推理都跟父母一模一样。父母是孩子的第一任教师，是孩子仿效最直接的榜样，父母对孩子的示范作用是全方位、立体化的，所以父母应该成为孩子高尚人格、多种能力和健康生活方式的榜样。

❋　　　❋　　　❋

小琴拿着一本《成语故事》问妈妈,"刻舟求剑"是什么意思?

妈妈翻开书,把故事念给小琴听:"从前有一个楚国人乘船渡江,他的剑从船上掉进水里,他急忙在船舷上刻一个记号,说:'我的剑是从这里掉下去的。'"

听到这里,小琴皱起眉头说:"妈妈,你读错了一个字,今天老师才说船舷的'舷'读'弦',不是读'玄'。"

"哦,对,妈妈读错了,谢谢小琴找出错误,看来妈妈也要继续学习。"

小琴满意地微笑,继续听妈妈讲故事。

"船靠岸后,这个人顺着船舷上刻的记号下水去找剑,但找了很久也没有找到。小琴知道这个故事想说明什么道理吗?"

"是那个人记错了,才找不到剑的吗?"

"当然不是,剑掉进水里,怎么会跟着船走呢?用刻舟求剑的方法去找剑,是不是很糊涂呢?"

小琴似懂非懂地点点头。

写给家长

要想成为榜样,必先成为朋友,朋友间的平等互助可以消退父母身上的权威光环。中国早就有身教重于言教的说法。亲身的示范远比空口说教更有效,父母的行为是孩子的一面镜子,"正人先正己",同样适用于家庭教育。

50. 自我保护方法一二三

课堂上正在进行热烈的讨论,题目就是"如何自我保护"。

"如果你一个人在家,有陌生人要进屋子怎么办?"老师问。

"不让他们进屋子。"孩子们几乎异口同声地回答。

"可是他说他是水电工。"老师又问。

"还是不让他进屋子""如果他穿着工作服,并且有那些工具我就开门""我打电话问妈妈是不是有这一回事"……孩子的意见开始不一样。

老师继续问:"如果他能说出你父母的名字和电话,要不要开门呢?"

孩子们想了一会儿,绝大部分的孩子同意让他进屋。

老师最后问:"进屋后才知道他是个坏人,怎么办?"

孩子们面面相觑,教室里一片寂静。

保护得愈多,创伤愈多,就跟生病用抗生素一样,遇到大病就完全没有免疫能力。成人的过分溺爱,将使得孩子永远无法形成健全的自我保护能力,意外事故当然会不断发生。这时,不如把保护的主动权交到孩子手里,即使出现意外,也不至于酿成大患。

妈妈可以在日常生活中通过各种方式,教导孩子自我保护的知识,同时将地震、台风、火灾等不可抗拒灾害出现时的自救方法也列入其中,使孩子在单独面对突发危险的时候,不是一味地无助哭泣,由消极躲避改为积极预防,就能够使各种意外伤害发生的可能性降到最低。

周末妈妈带梅梅坐火车去外婆家,邻座是一个打扮很时髦的年轻女子。

妈妈去上厕所,叫梅梅坐在座位上等她。

当妈妈从厕所回来时,刚好看见年轻女子拿一颗糖给梅梅,妈妈并没有马上走过去干涉,而是躲在一旁悄悄观察。

"吃颗糖吧,很好吃。"

梅梅盯着糖,没出声。

"拿着,别不好意思。"

平时妈妈是禁止梅梅吃糖的,她正在换牙,吃太多糖不好,但这又是梅梅最喜欢吃的薄荷糖。

梅梅还是没有伸手去接,却很明显地在吞口水。

"吃吧,妈妈不会责怪你的。"女子把糖硬塞到梅梅手里。

就在妈妈想冲过去的时候,只见梅梅把糖还给年轻女子,说:"妈妈说不能乱拿别人的东西。谢谢阿姨,我不能要。"

年轻女子笑笑:"原来是这样啊,那等妈妈回来,如果妈妈同意,我们再吃。"

梅梅点点头,望向窗外,不再看那颗糖。

写给家长

无论对方多和善,只要第一次接受了赠予,就会被吸引,而忘记自己的安全;一旦对方图谋不轨,这些东西就会是最危险的诱饵。所以家长应该时时刻刻提醒孩子,不吃陌生人的食物,不拿陌生人给的东西,无论是谁说带你去找妈妈,都要在原地等候妈妈回来。

❈　　　　❈　　　　❈

晚上九点半，八岁的博超一个人走在回家的路上，当走进一条很黑的小巷子时，一个高大的黑影窜了出来。

"黑影"狠狠抓住博超的脖子，凶恶地说："不准喊，否则就要你好看。"

遇到抢劫，博超的脑子里开始飞速的运转，思考如何摆脱这个黑影。

"叔叔，你想要干吗？"博超故作镇静地说。

"少啰唆，快把钱拿出来。""黑影"加大了抓住博超脖子的力道。

"咳咳！"博超咳起来："叔叔，你弄痛我了，你先放开我，我把钱拿给你，只要不伤害我就行。"

"黑影"果真放开博超："你要是敢耍花样的话，哼！"

博超慢慢地掏出钱包，朝"黑影"背后一扔："这是你要的钱包，拿去吧！"

就在"黑影"转身去看钱包的时候，博超拔腿就往相反的方向跑，边跑边喊："快来人啊，有人抢劫。"

气喘吁吁的博超直到跑出巷子才停下脚步，站在灯火通明的街头，有路人关心地问："小朋友，你怎么了？"

博超深深吸一口气，说："叔叔，能不能麻烦你帮我打110，说这里有人被抢劫了。"

三分钟后，警车呼啸而来，警察对博超的反应能力称赞不已，并且在巷子里找回了博超的钱包，钱一毛也没少。

写给家长

孩子身材矮小，生活经验不足，适应环境能力差，遇到危险时身心难以应付，所以求助是孩子自我保护最好的方法。家长应该教育孩子遇到危险时不要只会哭泣、惊恐失措，要寻找合适的时机求助。在电话普及的现今，利用电话求助是获得帮助的有效办法，让孩子熟记家里和父母、亲朋好友的电话，并且知道警察、急救、火警等呼救电话的号码。

※　　　　※　　　　※

这周末爸爸妈妈正好不在家，冰冰邀请小朋友到家里来玩。

"大家快来看啊！"一个小朋友像发现新大陆似地叫道："冰冰家长出好多小蘑菇。"

大家都跑到阳台上看，在墙角里，真的长出几朵蘑菇，白白的、长长的，十分好看。

"我们干脆自己来做蘑菇汤。"有人提议，很快得到大家的一致认可。于是锅碗瓢盆齐上阵，不一会儿，小朋友就人手一碗蘑菇汤。

没多久，有一个小朋友喊他肚子疼，另两个说想吐。冰冰说，糟了，蘑菇肯定有毒。她连忙拨打急救电话呼救，又回想起妈妈平时教的方法，冲了一大瓶稀释的盐水，要小朋友们喝下去："快用手抠喉咙，把蘑菇吐出来。"

随后，小朋友们都被救护车送到医院进行观察，医生对冰冰掌握了急救的知识非常赞赏。

经过这次有惊无险的食物中毒，小朋友们以后再也不敢随便乱吃东西了。

写给家长

自我保护常识是在人们历经灾难后，对灾难有了认识所采取的必要防护措施，这些对孩子来说是难以掌握的。所以让孩子学习自我保护的方法，是成长中必要的课程，唯有掌握意外时自我保护的基本常识，才能抵御灾害，避免受到伤害。